Felix Friedrich Bruck

Fort mit den Zuchthäusern

Felix Friedrich Bruck

Fort mit den Zuchthäusern

ISBN/EAN: 9783743641433

Hergestellt in Europa, USA, Kanada, Australien, Japan

Cover: Foto ©Suzi / pixelio.de

Weitere Bücher finden Sie auf **www.hansebooks.com**

„Fort mit den Zuchthäusern!"

Von

Dr. jur. Felix Friedrich Bruck,
u. o. Professor d. R. a. d. Universität Breslau.

———•◆•———

Breslau.
Verlag von Wilhelm Koebner.
(Inhaber: M. & H. Marcus).
1894.

Vorwort.

Schon seit dem Anfange dieses Jahrhunderts waren die Bestrebungen der Staatsmänner und Kriminalisten auf einen humaneren, der Gesittung und dem Bildungszustande einer fortgeschritteneren Zeit mehr entsprechenden, Strafvollzug gerichtet. Allein man ist jetzt allgemein überzeugt, daß auch durch die in dieser Richtung geschaffenen Einrichtungen das Hauptziel aller Strafrechtspflege, die **Verminderung des Verbrechertums**, nicht erreicht worden ist. Der wahrheitliebende und wahrheitsuchende Mensch empfand vielmehr schon lange ein Gefühl des Unbehagens, besonders wenn er das in allen Kulturstaaten geltende System der **Freiheitsstrafen** auf seinen inneren Wert prüfte. Dieser Überzeugung gab zuerst **Mittelstädt** in seiner Schrift „**Gegen die Freiheitsstrafen**" (1879) in zündenden Worten entschiedenen Ausdruck. Seit dem Erscheinen dieser Schrift steht die Frage nach einer rationellen Regelung des Strafvollzuges im Mittelpunkte der **wissenschaftlichen** Betrachtung, und es war in der That für die Strafrechtswissenschaft die höchste Zeit, daß sie aus ihrer unfruchtbaren Thätigkeit aufgerüttelt wurde. In einem wohldurchdachten Programm hat alsdann v. Liszt ein scharf umgrenztes Arbeitsgebiet aufgestellt, damit die Kräfte sich nicht zwecklos zersplittern, sondern auf die Erreichung eines bestimmten Zieles loszusteuern vermögen. Im Anschlusse an diese Bestrebungen hat er ferner in hervorragender Weise an der Schaffung der internationalen kriminalistischen Vereinigung mitgewirkt, durch welche in Deutschland zum ersten Male Theorie und Praxis zu fruchtbringender Thätigkeit vereinigt wurden, um das Ziel zu erreichen, welches in der Bekämpfung des Verbrechertums durch eine rationelle Regelung des Strafvollzuges besteht. Man wird aber noch lange experimentieren müssen, bevor man ohne Heuchelei seiner Zufriedenheit mit dem Erreichten wird Ausdruck geben können.

Die nachfolgende Arbeit wagt, einen bereits in England erprobten Versuch zu empfehlen, der geeignet erscheint, sich diesem Ziele zu nähern.

Möge die Regierung des Reichs und die Nation in ihrer geordneten Vertretung diesen Vorschlag eingehend prüfen und, wenn es angeht, verwirklichen.

Breslau, im April 1894.

Bruck.

Inhalt.

I.	Kritik des herrschenden Systems der Freiheitsstrafen.	1—11
II.	Die Deportation	12—25
III.	Zur Verwaltung der Strafkolonieen	26—29
IV.	Die Schutzgebiete des Deutschen Reichs mit Beziehung auf die Deportation	30—38
V.	Einwände der Gegner der Deportation und deren Widerlegung	39—59
VI.	Die Frauenfrage in den Strafkolonieen. . . .	60—63
VII.	Schlußbetrachtung	64—67

Alle Rechte vorbehalten.

Berichtigung.

Seite 15 Zeile 14 v. o. l. „100,000" statt 10,000.

# I. Kritik des herrschenden Systems der Freiheitsstrafen.

Langzeitige Freiheitsstrafen und zur Beseitigung der kurzzeitigen bedingte Verurteilung resp. Aussetzung der Strafvollstreckung sind die nächsten Ziele, welche ein großer Teil der Reformer unseres Strafmittelsystems erstrebt. Es ist bereits so viel für und gegen dieses Programm gesprochen und geschrieben worden,[1]) daß sich Neues kaum mehr sagen läßt.

Die Einführung der bedingten Verurteilung gewährt nicht zu unterschätzende Vorteile. Einmal bewahrt sie durch Aussetzung der Strafvollstreckung denjenigen, welcher das erste Mal ein nicht erhebliches Delikt[2]) begangen hat, vor der Schmach der Erduldung einer Freiheitsstrafe und hält ihn zugleich von dem verderblichen Einfluß der schlechten Gesellschaft in den Gefängnissen fern und ferner spornt sie den bedingt Verurteilten für die Folge zu einem gesetzmäßigen Verhalten an, weil er nur dadurch der verwirkten Strafe definitiv

---

[1]) Vgl. v. Liszt's bedeutende Abhandlung: „Criminalpolitische Aufgaben" in der Zeitschrift für die gesammte Rechtswissenschaft IX. X. und die daselbst angegebene Literatur; Lammasch: „Ueber Zwecke und Mittel der Strafe" in der Liszt'schen Zeitschrift IX. 423, ferner Gerichtssaal Bd. 44, S. 170 fg.; von Hippel: „Die Vorschläge der bedingten Verurteilung in Deutschland", Gerichtssaal Bd. 43; Schütze: „Die sog. bedingte Verurteilung und verwandte Reformen unseres Strafensystems." Allg. österr. Gerichts-Zeitung 1890; Rosenfeld: „Welche Strafmittel i. a. Stelle d. kurzz. Frhtsstr. ges. w.?" in den Abhdlg. des krim. Sem. II. 2. 1890.

[2]) Über die für diese Maßregel geeigneten Fälle vgl. v. Hippel, Ger.-Saal Bd. 43, S. 99. — Nach dem Belgischen Gesetz vom 31. Mai 1888 art. IX. darf die erkannte Freiheitsstrafe die Dauer von sechs Monaten nicht übersteigen.

zu entgehen vermag.[1]) Der Hauptvorteil aber besteht in der Einschränkung der allgemein als zwecklos und sogar als schädlich befundenen kurzen Freiheitsstrafen. Man könnte vielleicht noch weiter gehen und wenigstens bei Polizeidelikten und geringfügigen Vergehen es das erste Mal bei einer bloßen Rüge bewenden lassen, welche durch die Polizeibehörde[2]) und nur im Falle der Beschwerde durch den Richter erteilt werden sollte. Macht sich alsdann der Gerügte innerhalb einer bestimmten längeren Frist (etwa innerhalb der nächsten fünf Jahre) nicht von neuem eines Deliktes der angegebenen Art schuldig, so möge er wiederum mit einer Rüge davon kommen.[3]) Weshalb die Gefängnisse mit harmlosen Menschen füllen und ihnen den Makel einer gerichtlichen Bestrafung aufdrücken?[4]) Gerade der kleine Mann und die von ihm abhängige unschuldige Familie wird oft durch eine Freiheitsstrafe von nur wenigen Tagen oder durch eine Geldstrafe, die dem Ernährer auferlegt wird, schwer getroffen. Nicht selten werden ordentliche Menschen durch eine solche an sich geringfügige Veranlassung auf die Bahn des Verbrechens gedrängt.

Überhaupt sei das Bestreben der Strafgesetzgebung und der Strafrechtspflege darauf gerichtet, den Kreis strafbarer Handlungen nach

---

[1]) Die prinzipiellen Bedenken, welche Finger, zur Umgestaltung des heutigen Strafensystems (1890), gegen die bedingte Verurteilung erhebt, sind sicher nicht so schwerwiegend, um nicht wenigstens den Versuch dieser Maßregel zu wagen. Näher auf diese Frage einzugehen, liegt außerhalb des Rahmens dieser Abhandlung.

[2]) Die von der Verwaltungsbehörde ausgesprochene Rüge braucht nicht in der solennen Form eines gerichtlichen Urteils zu erfolgen.

[3]) Der hier gemachte Vorschlag geht erheblich weiter als die bedingte Verurteilung, indem außer der Erteilung der Rüge eine Verurteilung in eine Strafe garnicht stattfindet. Auch ist eine Wiederholung nach Ablauf der Garantiefrist zulässig. Die Rüge nähert sich mehr dem nach § 57⁴ des Deutschen Strafgesetzbuches zulässigen Verweise, sie kann aber auch durch die Polizeibehörde erteilt werden und ist unabhängig vom Alter des Delinquenten.

[4]) Vgl. Krohne, Lehrb. 234, Note 7: „Es wurde im Jahre 1886 wegen Verbrechen und Vergehen gegen Reichsgesetze auf 251 172 Freiheitsstrafen erkannt mit einer Gesamtdauer von 66 084 Jahren; darunter allein 183 195 Gefängnisstrafen unter 3 Monat und 117 980 unter 1 Monat. Dazu kommen nun noch die Freiheitsstrafen wegen Holzdiebstahl, wegen strafgesetzlicher und polizeilicher Übertretungen, welche keine Statistik nennt, die aber an Zahl das Drei- und Vierfache der obigen Ziffern betragen, an Dauer selten über wenige Tage hinauskommen. — Gegenüber solchen Zahlen ist man wohl berechtigt, von einem Mißbrauche der Freiheitsstrafen zu reden und zu fragen: „Wie groß ist die Zahl der strafmündigen Personen in Deutschland, welche noch nicht die Bekanntschaft mit dem Gefängnis gemacht haben?" Nach Starke,

Möglichkeit einzuschränken und nicht jede im Leben sich offenbarende Unregelmäßigkeit, jedes unbedeutende Versehen, jeden unüberlegten Scherz, jedes scharfe Wort unter Strafe zu stellen.

Man setze vor allem die Grenze der Strafmündigkeit nicht vor das vollendete sechzehnte Lebensjahr und überlasse Kinder der häuslichen Zucht oder, wenn dies nicht angeht, oder wenn die Art der Begehung eine arge Verwahrlosung aufweist, der Zwangserziehung in öffentlichen Erziehungsanstalten[1]). Dadurch würde das jedermann widerwärtige Schauspiel erspart, Kinder auf der Anklagebank zu sehen[2]).

Leider wird sich die kurzzeitige Freiheitsstrafe in der Form einfacher Haft trotz der dafür vorgeschlagenen Ersatzmittel (Geldstrafe, bedingte Verurteilung, Rüge, Verweis, Zwangsarbeit ohne Einsperrung, Hausarrest, Friedensbürgschaft) für den Fall der Nichtbeitreibbarkeit der Geldstrafe oder im Falle der Wiederholung geringfügiger Delikte nicht entbehren lassen[3]). Diese Strafen müßten aber, wie dies schon jetzt nach dem Deutschen St.-G.-B. zulässig ist, nach wie vor in ihrer Mindestdauer mit einem Tage beginnen. Bei diesen geringen Verfehlungen soll die Strafe hauptsächlich in der öffentlichen Mißbilligung (v. Bar) bestehen; das mit ihr verbundene Strafübel muß daher äußerst geringfügig sein. Es soll hier der Übertreter des Gesetzes durch die Form der Strafe mehr an seine sozialen Pflichten erinnert, als in seinem Ehrgefühl verletzt werden.

Läßt sich aber die Verhängung einer Geldstrafe nicht abwen-

Verbrecher und Verbrechen in Preußen (1884) S. 31, betrug die Zahl der Übertretungen und der Holzdiebstähle im Jahre 1878 allein in Preußen 343 328 bezw. 363 151.

[1]) Vgl. den lehrreichen Vortrag von J. Wichern über die Einrichtung von Anstalten für sittlich gefährdete konfirmierte Knaben (1893. Verlag der Agentur des Rauhen Hauses), Appelius, Behandlung jugendlicher Verbrecher und verwahrloster Kinder (Bericht der von der international. krim. Verein. gewählten Kommission 1891) und v. Liszt in seiner Zeitschr. XII. Criminalpolitische Aufgaben. S. 161 flg.

[2]) Im Jahre 1888 wurden wegen Verbrechen und Vergehen gegen Reichsgesetze verurteilt: Personen unter 15 Jahr alt: 11 741 und Personen zwischen dem 15. und 16. Lebensjahre: 21 328. (v. Liszt a. a. O. S. 176).

[3]) Wach, Reform der Freiheitsstr., S. 19 flg.; v. Kirchenheim, Ger. S. 42. S. 51.; Lammasch, criminalpolit. Studien Ger. S. 44. S. 226; Kleinfeller, Goltdammers Arch. 37. S. 269; Stooß, Zeitschr. f. Schweizer Strfr. (1891) Heft 3, S. 34; Friedmann, zur Reform des österr. Strafrechts (1891) S. 23 flg.; Teichmann, Stellg. d. Frhtsstr. im künft. schweizer. St.-G.-B. (1891). S. 5. 6.

ben, so trage sie eine mildere Form und passe sich mehr der Individualität des Übertreters an, als dies jetzt zu geschehen pflegt. Man stelle es in das Belieben des mittellosen Verurteilten, ob er die Geldstrafe, die nach seinen Verhältnissen äußerst mäßig bemessen werden sollte, ratenweise[1]) oder durch einige Stunden Forst- oder Gemeindearbeit abgelten wolle[2]).

Immer sei sich der Strafgesetzgeber, der Staatsanwalt und der Strafrichter bewußt, daß Strafgesetzgebung und Strafrechtspflege, wie alle Institutionen des Staates, auch den Zweck verfolgen, des Lebens Not und Schwierigkeit nach Kräften zu mildern. Das ist möglich durch eine humane Strafgesetzgebung und durch eine humane Übung der Strafrechtspflege. Dadurch wird den Interessen wahrer Gerechtigkeit besser gedient, als durch das Bemühen der Gesetzgebung und des Staatsanwalts[3]), jede geringfügige Übertretung vor den Strafrichter zu zerren, oder durch das Bemühen, durch feine Distinktion eine Handlung von zweifelhafter Strafbarkeit noch zum Verbrechen zu stempeln.

Der Staat wird bei solcher humaner Auffassung des Gesetzgebers und der Organe der Strafrechtspflege nicht aus den Fugen gehen, das Rechtsbewußtsein darunter nicht leiden. Fiat justitia, ne pereat mundus!

Diese Milde, am richtigen Orte angewendet, schließt nicht aus, daß der Staat in denjenigen Fällen mit Energie und unerbittlicher Strenge einschreite, wo die Interessen der Gesellschaft durch Unbotmäßigkeit, überhaupt durch antisoziales Verhalten, wirklich gefährdet oder verletzt werden. In solchen Fällen kann sich der Staat mit der Mißbilligung und der Erteilung eines milden Denkzettels nicht begnügen. Hier muß er dem Übertreter seiner Ordnung außer der

---

[1]) Mittelstädt, Gutachten für den Kölner Juristentag 1891 (Verh. II. 49 flg.) und Lammasch in der v. Liszt'schen Zeitschr. IX. S. 450. Dagegen Aschrott in Goltdam. Arch. 38. S. 250.

[2]) Vgl. Wahlberg, Betrachtungen über die Freiheitsstr. S. 28. 29. Prins, criminalité et repression, Bruxelles 1886. 107, v. Holtzendorff, Handb. des Gefängnißwesens I. 422; v. Liszt in f. Zeitschr. IX. 780. und kriminal. Verein. I. S. 46. Daselbst Zürchers Gutachten II. S. 76 fl. — Gesetzliche Anhaltspunkte gewährt bereits § 6 Abs. 2 des Einf.-Ges. zum Deutsch. St.-G.-B. und des Preuß. Ges. vom 15. April 1878, den Forstdiebstahl betr. (Ges.-Samml. S. 225).

[3]) Unbeschadet des dem § 152 der Deutsch. St.-Pr.-Ordn. zu Grunde liegenden Legalitätsprinzips.

feierlichen Mißbilligung seines Verhaltens auch ein empfindliches Strafleiden auferlegen. Nur wird ein weiser Gesetzgeber das Strafleiden so einrichten, daß es der Gesellschaft wirklich Nutzen bringt[1]) und den Verbrecher nicht unnötiger Weise quält.

Von den langzeitigen Freiheitsstrafen läßt sich dieser Erfolg erfahrungsmäßig nicht erwarten. Nicht die Länge der Freiheitsentziehung wirkt abschreckend, sondern, wenn überhaupt etwas, einzig und allein der Modus des Strafvollzuges. Ein Jahr harte Arbeit, magere Kost und hartes Lager wirken abschreckender als eine jahrelang andauernde Freiheitsentziehung bei einer Arbeitsleistung und Verpflegung, wie solche der freie Arbeiter vergeblich erstrebt.

Wie bereits vielfach empfohlen worden, sollte man diese nicht vermeidbaren Freiheitsstrafen mehr individualisieren, insbesondere sollte man neben der einfachen Gefängnisstrafe für solche Vergehen, welche auf Arbeitsscheu zurückzuführen sind, eine besondere Freiheitsstrafe setzen, welche dem Charakter dieser Delikte mehr entspricht, als die einfache Gefängnisstrafe, nämlich das Arbeitshaus. Aber auch diese Arbeitshausstrafe sollte in ihrer Höchstdauer ein Jahr nicht überschreiten. Wer trotz strenger Zucht und magerer Kost in einem Jahre nicht arbeiten gelernt hat, der wird auch, wenn er nach zwei oder drei Jahren entlassen wird, diese Fähigkeit nicht erworben haben.

Die langjährige und entehrende Freiheitsstrafe leidet ferner an dem unheilbaren Gebrechen, daß sie den aus der Strafhaft Entlassenen regelmäßig an seinem Fortkommen hindert. Mit der Verbüßung der Strafe müßte aber das begangene Verbrechen gesühnt sein. Wer aber, dem die thatsächlichen Verhältnisse bekannt sind, wollte leugnen, daß es einem aus dem Zuchthause Entlassenen in der Regel unmöglich ist, aus eigener Kraft ein ehrliches Leben zu beginnen? Wenn es heutzutage schon einem unbescholtenen Menschen fast unmöglich wird, wenn er durch Unglück (Krankheit, plötzliche Entlassung aus seiner Dienststellung, Verlust seines Vermögens) völlig mittellos geworden ist, sich eine neue Existenz zu begründen, um wieviel schwerer muß es dann dem entlassenen Zuchthäusler werden, Unterkommen und nährende Arbeit zu finden, und er muß doch solche finden, wenn er

---

[1]) Verfasser steht auf dem v. Liszt (Lehrb. 5. Aufl., S. 3) präzisierten Standpunkte, wonach die Aufgabe einer rationellen Kriminalpolitik in der zielbewußten Durchführung des Zweckgedankens im Rechte besteht. Vgl. auch v. Liszt in dessen Zeitschr. III. S. 3 flg.

leben will und leben soll. Der entlassene Zuchthäusler vermag sich bei dem Arbeitgeber nicht genügend zu legitimieren, und glückt es ihm sogar Unterkommen und Arbeit zu finden, so wird er, wenn seine Vergangenheit ruchbar wird — was auch ohne die polizeiliche Aufsicht bald geschieht — unbarmherzig entlassen[1]); denn das Vorurteil gegen einen aus dem Zuchthause Entlassenen ist, so bedauerlich es sein mag, ein allgemeines, es besteht beim Arbeitgeber sowie bei seinen unbescholtenen Arbeitsgenossen. Ins Ausland vermag der aus der Gesellschaft Ausgestoßene in der Regel nicht zu gehen, weil ihm hierzu die Mittel fehlen. Dazu kommt noch, daß der gemeine Mann meist zu unbeholfen ist, sich an einem andern Orte, als, an welchem er früher gelebt hat, Arbeit zu verschaffen.

Ein anderer nicht genug gewürdigter Mangel langbauernder Freiheitsstrafen ist die durch die Haft hervorgerufene Stumpfheit[2]). Das ist der Fluch aller langzeitigen Freiheitsstrafen, was leider die Anhänger derselben übersehen, daß sie den Sträfling, für welchen eine Reihe von Jahren von Staatswegen gesorgt worden ist, der sich während dieser Zeit um Wohnung, Kleidung und Kost nicht zu kümmern brauchte, unfähig machen, sich aus eigener Kraft eine Existenz zu begründen. Durch die unnatürliche Beschränkung seiner persönlichen Freiheit hat der Strafgefangene aber nicht nur verlernt, auf eignen Füßen zu stehen, er ist auch in der Regel durch die langandauernde Haft zu ausdauernder Arbeit körperlich und geistig unbrauchbar geworden. Muß doch selbst Krohne[3]), ein ausgesprochener Anhänger des Systems der langzeitigen Freiheitsstrafen, eingestehen, „daß die Gefangenen unter ganz besonders ungünstigen Lebensbedingungen stehen, welche die geistige und leibliche Gesundheit gefährden" und an andrer Stelle — was alle Kundigen längst wissen — „daß die Freiheitsstrafe,

---

[1]) Vgl. Krohne, Lehrb. der Gefängnißkunde, S. 261 und § 56; Finger a. a. O. S. 5. 6; Aschrott in der Liszt'schen Zeitschr. VIII. S. 18 flg.; Fuhr, Strafrechtspflege und Sozialpolitik (1892).

[2]) Vgl. Lammasch in v. Liszt's Zeitschr. IX. S. 441; Hugo Meyer, Das norddeutsche Strafrecht S. 16.

[3]) Lehrb. S. 439 § 113; Krafft-Ebing, Lehrb. der gerichtl. Psychopathologie 1877. S. 306; Gustav Meyer, über Geisteskranke in den Strafanstalten, Nordwestdeut. Ber. für Gefängnißwesen, 16. Vereinsheft S. 134 flg.; Mittelstädt, gegen die Frhtsstr. 32. 41. 66.

nach welchem System sie auch vollzogen werden mag, immer etwas geistig Niederdrückendes und Abstumpfendes habe."

Gebrochen an Seele und Leib verläßt der Unglückliche das Zuchthaus, geächtet von der Gesellschaft, auf die er angewiesen ist, irrt er scheu umher, bis ihn der Hunger zwingt, von neuem ein Verbrechen zu begehen[1]). Dann findet er wieder die Unterkunft, an die er gewöhnt ist. Daß wir uns hier keiner Übertreibung schuldig machen, ergeben die Rückfallsstatistiken aller Kulturländer[2]).

Nach der Kriminalstatistik des Deutschen Reiches (Bd. 58) betrug die Zahl der nur wegen Verbrechen und Vergehen gegen Reichsgesetze Verurteilten im Jahre 1890: 381 450; unter diesen befanden sich 125 068 Vorbestrafte, darunter 73 311 d. h. 58%, die bereits mehrmal vorbestraft waren, und zwar 47 006, welche schon 3 oder mehrmal, darunter wieder 14 984, welche 6 oder mehrmal, und darunter endlich 2413, die 11 oder mehrmal vorbestraft waren[3]).

Wie aber soll sich der Staat der großen Kategorie rückfälli-

---

[1]) Vgl. das Gutachten v. Robin für den Stockholmer Kongreß bei Krohne in der Liszt'schen Zeitschr. I., S. 86 flg.; den ergreifenden Brief eines aus der Strafanstalt Entlassenen an Prof. v. Liszt, abgedr. in den Mitteilungen d. krim. Verein. I S. 129 und Barß Preuß. Jahrb. 47. S. 39. 40. Auch er, ein Gefängnisgeistlicher, erkennt die Unzulänglichkeit der öffentl. und privaten Fürsorge für entlassene Sträflinge unumwunden an. — Sie ist aber dem Bedürfnisse entsprechend undurchführbar.

[2]) Nach dem Gutachten von Robin (a. a. O. S. 89) werden von 100 Entlassenen 75 für immer auf den Weg des Verbrechens gebannt. Vgl. ferner v. Liszt in f. Zeitschr. III. S. 37—38. Nach der Statistik der Preuß. Strafanstalten für 1886/87 S. 44 beträgt das Prozentverhältnis der früher mit Zuchthaus oder Gefängnis Bestraften zur Gesamtzahl der Verurteilten 82.

[3]) Das rapide Wachstum der Rückfälligen im Deutschen Reich ersieht man aus der Kriminalstatistik für das Deutsche Reich. Danach betrug die Zahl der Vorbestraften

im Jahre	1882:	82 456	bei einer Gesamtzahl von	329 968	Verurteilter.
" "	1883:	85 517	" " "	330 128	"
" "	1884:	91 274	" " "	345 977	"
" "	1885:	94 032	" " "	343 087	"
" "	1886:	99 115	" " "	353 000	"
" "	1887:	102 845	" " "	356 357	"
" "	1888:	102 918	" " "	350 665	"
" "	1889:	115 686	" " "	369 644	"
" "	1890:	125 068	" " "	381 450	"
" "	1891:	133 065	" " "	391 084	"

ger, unverbesserlicher Verbrecher[1]) entledigen, solcher Leute, die durch eine zuständlich gewordene Entartung nicht mehr im stande sind, sich selbständig zu ernähren, und deshalb gewissermaßen gezwungen sind, fortwährend rechtswidrige Angriffe gegen die Gesellschaft zu unternehmen? Dieser Legion von Unglücklichen, auf welche jede Art von Freiheitsstrafen ihre abschreckende Wirkung eingebüßt hat, steht der Staat bei den ihm zur Zeit zu Gebote stehenden Strafmitteln überhaupt machtlos gegenüber. Wahlberg[2]), von Liszt[3]) und Lammasch[4]) erkennen dies an und empfehlen als letztes verzweifeltes Mittel dauernde Unschädlichmachung des Verbrechers. Wäre aber diese Maßregel die einzig denkbare und würde sie mit Strenge in allen einschlä-

Von diesen Vorbestraften begingen die neue Strafthat binnen einer Frist von

	1 Jahr und darunter	und zwar von		
		3 und weniger Monaten	mehr als 3 bis 6 Monaten	mehr als 6 bis 12 Monaten
1882	26 475	9 203	5756	8 211
1883	28 270	9 710	6361	9 542
1884	30 201	10 543	7082	10 519
1885	32 660	11 359	7766	12 429
1886	33 967	11 659	8378	13 027
1887	34 842	12 137	8490	13 561
1888	33 402	11 226	8293	13 367
1889	35 606	12 272	8726	14 122
1890	38 544	13 451	9991	14 638

Dabei sind in dieser Aufstellung die häufigen Bestrafungen wegen Übertretungen (insbesondere Betteln und Landstreicherei) oder Zuwiderhandlungen gegen Zoll- und Steuergesetze außer Betracht geblieben.

[1]) Nach Lammasch in v. Liszt's Zeitschr. IX. S. 442 soll schon als Unverbesserlicher derjenige gelten, der bereits einmal die Strafe der Zwangsarbeit verbüßt hat, wenn er wiederum wegen eines mit dieser Strafe bedrohten Delikts verurteilt wird, und man wird Lammasch Recht geben müssen.
[2]) a. a. O. S. 48. 49; ferner dessen Bericht an den Stockholmer Gefängnißkongreß.
[3]) Zeitschrift III. S. 39 flg.
[4]) Lammasch, in der Liszt'schen Zeitschr. IX. S. 428. 429. D. A. alle Theoretiker und Praktiker, welche sich über diese Frage geäußert haben, z. B. Sonntag in der Liszt'schen Zeitschr. I. S. 505; Mittelstädt, Gegen die Frhtsstr. 42. Krohne in der Liszt'schen Zeitschr. I. 81. und die bei v. Lilienthal, Collektivhetzliste S. 103 Note citierten.

gigen Fällen durchgeführt, so würde bei dem notorischen Anwachsen unseres Proletariats infolge von Übervölkerung und verschiedener hier nicht zu erörternder sozialer Ursachen sich sofort die Unmöglichkeit herausstellen, alle diejenigen Elemente unterzubringen, die auf dem Umwege des Verbrechens sorgenfreie, lebenslängliche Kostgänger des Staates werden wollen.

Die vielbeklagte und getadelte Milde unserer Strafrichter bei Bemessung der Freiheitsstrafen[1]) hat nach unserer Meinung nicht, wie von Liszt[2]) annimmt, ihren tiefsten Grund in der Thatsache, daß die Aufgabe der Strafzumessung, wie die „vergeltende" Gerechtigkeit sie stellt, eine unlösliche ist und bleiben muß, sondern diese Milde entspringt der Überzeugung unserer Strafrichter, daß die Freiheitsstrafen, so langzeitig sie auch bemessen werden mögen, auf die Gewohnheitsverbrecher weder irgend welche abschreckende noch bessernde Wirkung äußern, und daß, wenn die Richter jedesmal langdauernde Freiheitsstrafen zur Anwendung brächten, die Strafanstalten nicht ausreichen würden.

Die Freiheitsstrafen, ob kurz- oder langzeitige, werden überhaupt in ihrem Werte überschätzt. In Lehrbüchern und ungezählten Abhandlungen hören wir die Anhänger der Freiheitsstrafe verkünden, sie müsse das Zentrum unseres Strafensystems bleiben, da sie allein geeignet sei, allen Anforderungen, welche an ein gutes Strafmittel gestellt werden, zu entsprechen. Diese hervorragende Stellung gründet man meist darauf, daß die Freiheitsstrafe infolge ihrer Elastizität d. h. ihrer großen Abstufbarkeit und Teilbarkeit am vollständigsten den verschiedenen Graden der Verschuldung sich anpassen lasse, und daß sie, soweit es überhaupt Individuen gegenüber möglich sei, gleichmäßig oder doch am wenigsten ungleichmäßig wirke.

Aber auch dieser Vorteil ist nur ein scheinbarer. Abgesehen davon, daß es überhaupt keine Möglichkeit giebt, irdische Gerechtigkeit zu üben, weil wir die Triebfeder einer Handlung nicht zweifellos festzustellen vermögen[3]), bleibt die Bemessung der so bequem teilbaren Freiheitsstrafe durch den Richter im konkreten

---

[1]) Dieselbe Milde waltet auch bei den französischen Tribunalen. Vgl. Sichart, Handb. des Gefängnißwesens II. S. 522.

[2]) Zeitschrift IX. S. 738.

[3]) Vgl. Benedikt's geistvollen Aufsatz „Zweckgedanke im Strafrecht" in der Liszt'schen Zeitschr. VI. S. 453 flg., Mittelstädt, gegen die Freiheitsstr. S. 66; Derselbe in Preuß. Jahrb. 40. S. 495 flg.

Falle stets Sache der größten Willkür[1]). So kann er die Strafe für einen verübten einfachen Diebstahl mit einem Tage bis zu fünf Jahren Gefängnis bemessen[2]). Welchen Anhalt kann er dafür haben, die Strafe auf 90 oder 150 oder 180 Tage rc. festzusetzen. Um nun zu einer gewissen Einheitlichkeit der Rechtsprechung zu gelangen, bilden sich an gewissen Gerichten für gewisse, besonders häufig wiederkehrende Delikte gewisse feste Strafsätze aus. So strafen sog. milde Gerichte den ersten einfachen Diebstahl durchschnittlich nur mit einigen Tagen und den einfachen Diebstahl im ersten Rückfalle unter Annahme mildernder Umstände mit einigen Monaten Gefängnis, während sogen. Blutgerichte in denselben Fällen die Strafe auf mehrere Monate Gefängnis bezw. mehrere Jahre Zuchthaus bemessen[3]). Schließlich bildet sich die Bemessung der Strafe in einer ganz schablonenhaften Weise aus. **Der erkennende Richter hat keine Ahnung von der Wirkung seines Spruchs**[4]). Er hat die Sache abgeurteilt; das Aktenstück ruht sauber in dem Repositorium des strafvollstreckenden Staatsanwalts; das Menschenkind, um welches es sich gelegentlich handelte, ist verdorben, zu Grunde gegangen. Und je mehr man sich in die Details der sog. Gefängniswissenschaft vertieft, desto mehr wird man in der Überzeugung

---

[1]) **Mittelstädt**, G. b. Frhtsftr. S. 51—53; Derselbe in der Liszt'schen Zeitschr. II. 445; **Heinze**, Strafprozessuale Erörterungen S. 111; **Wach**, Reform b. Frhtsftr. (1890) S. 43.

[2]) **Zuchthaus** kann der Richter bei einer gesetzlichen Androhung von ein bis fünf Jahren — da nach § 19 des Deutschen St.-G.-Bs. die Dauer der Zuchthausstrafe nur nach vollen Monaten bemessen werden darf — in 60 verschiedenen Strafsätzen, Gefängnis bei einer gesetzlichen Androhung von gleichfalls fünf Jahren — da nach § 19 a. a. O. die Dauer nach vollen Tagen bemessen werden soll — in 1825 Strafsätzen verhängen. Und diese Möglichkeit steigert sich noch, wenn der Richter gesetzlich entweder auf Zuchthaus oder Gefängnis erkennen darf. — Vgl. v. Liszt in der Zeitschr. IX. S. 490 und 777. — Wenn auch die Spatia durch die Gesetzgebung mehr eingeengt würden, so ließe sich bei Bemessung der Strafe richterliche Willkür und ungleiche Beurteilung ähnlicher Straffälle bei verschiedenen Gerichten nicht vermeiden. — Bei der von **Kräpelin** vorgeschlagenen völligen „**Abschaffung des Strafmaßes**" (1880) wäre von einer Rechtsprechung überhaupt nicht mehr die Rede.

[3]) Besonders peinlich wird das Rechtsbewußtsein des Volkes berührt, wenn dergl. Dissonanzen bei verschiedenen Gerichten derselben Provinz bemerkbar werden.

[4]) Vgl. **Bennecke**, zur Kriminalstatistik des Großherzogtums Hessen in der Liszt'schen Zeitschr. X. S. 328 flg. u. krim. Verein. Beil. zu X. S. 82 flg.

gefestigt, daß für das Gros der Störenfriede unserer Rechts=
ordnung, für die Verbrecher aus Not und mangelhafter
Erziehung, die Freiheitsstrafen nicht die richtigen Straf=
mittel sind, so sehr sie auch von Fachleuten gepriesen und empfoh=
len werden.

Sollte nicht jedem, der das verdienstvolle Werk von Krohne[1])
über das Gefängniswesen studiert und den äußerst komplizierten und
kostspieligen Vollzug der Freiheitsstrafe kennen gelernt hat, der Ge=
danke gekommen sein: „Wie viele Mühen, wie viele Kosten
wendet der Staat in einem vergeblichen Kampfe gegen das
Verbrechertum auf!"[2])

[1]) Lehrb. für Gefängnißkunde 1889.
[2]) Mit Recht sagt v. Liszt nach eingehender Prüfung der Kriminalstatistik des Deutschen Reichs (Zeitschrift IX. S. 482): „Millionen haben wir für den Bau von Zellengefängnissen alle Jahre geopfert, und die Verbrechensziffer steigt von Jahr zu Jahr. Man mache sich die ganze Jämmerlichkeit des gegenwärtigen Zustandes völlig klar. Von 1882 bis 1887 sind im ganzen über zwei Millionen Menschen, darunter etwa 180 000 Jugendliche, wegen Verbrechen oder Vergehen gegen die Reichsgesetze verurteilt worden. Nun beträgt aber die Zahl dieser Verbrechen und Vergehen weniger als ein Viertel der sämtlichen von deutschen Gerichten zur Aburteilung gelangenden strafbaren Handlungen. Die Gesamtzahl der Verurteilten in diesem Zeitraum dürfte mithin auf etwa 10 Millionen Menschen rund geschätzt werden. Das macht etwa 15 Millionen im Jahrzehnt."

II. Die Deportation.

Nach der vorangegangenen Betrachtung wird man uns fragen, was wir besseres zu bieten haben. Wir empfehlen nichts Neues, sondern ein bereits in England erprobtes Strafmittel, die Deportation d. h. die zwangsweise Fortschaffung des Verbrechers nach einem überseeischen Platze zum Zwecke der Abbüßung der Strafe in der Form einer Strafknechtschaft mit daran sich knüpfendem Aufenthaltszwang an jenem Platze.

Seitdem wir Deutschen einen großen Kolonialbesitz in Afrika und Guinea haben, ist diese Frage von praktischer Bedeutung geworden. Wir haben zwar nur einen verhältnismäßig kleinen Teil Landes in unsren ausgedehnten Kolonieen, der sich in klimatischer Beziehung für unsre Volksgenossen eignet, aber dieses zur Kolonisation durch Deutsche brauchbare Land ist seinem Umfange nach mehr als hinreichend, um diejenigen Elemente aufzunehmen[1]), welche durch ihr antisoziales Verhalten dauernd unsere Kulturgemeinschaft stören und deshalb des Rechtes, dieser Gemeinschaft anzugehören, verlustig gegangen sind.

Da zur Zeit der Emanation des Deutschen Strafgesetzbuches an Deportation der Verurteilten nicht gedacht wurde, ging selbstverständlich der Gesetzgeber davon aus, daß die Vollstreckung aller richterlich erkannten Freiheitsstrafen nur im Inlande zu erfolgen habe. Soll nun an Stelle gewisser Freiheitsstrafen die Deportation in überseeische Gebiete treten, so kann dies nur im Wege der Gesetzgebung geschehen. Es empfiehlt sich hierbei, den Richter nur al-

---

[1]) Nach der Statistik der preußischen Straf- und Gefangen-Anstalten pro 1891/92 wurden im Laufe des Jahres 1891/92 in den Strafanstalten detiniert 25 583 Zuchthaus-Gefangene und 24 867 Gefängnis-Gefangene.

gemein auf Deportationsstrafe mit Bestimmung der Dauer erkennen zu lassen, dagegen die Wahl des Deportationsortes dem Ermessen der mit der Vollstreckung dieser Strafe betrauten Administrativbehörde zu überlassen[1]).

Für die erfolgreiche Durchführung der Deportationsstrafe wird es zweckmäßig sein, die großen Erfahrungen zu berücksichtigen, welche England seit dem Jahre 1788 bis zur Mitte dieses Jahrhunderts bei der Strafkolonisation von Australien, insbesondere von Neu-Süd-Wales, gemacht hat. Wir können hierbei diejenigen Einrichtungen, die sich bereits bewährt haben, nachahmen, dagegen die Fehler, die damals gemacht wurden, vermeiden lernen.

Voraussetzung für die Verhängung der Deportationsstrafe ist, daß die Gesundheitsverhältnisse des Verurteilten eine genügende Gewähr für sein Fortkommen in dem überseeischen Kolonialgebiet darbieten.

Von vornherein werden deshalb von der Deportation Greise[2]) und leidende Personen auszuschließen sein.

Jugendliche Personen, die noch nicht das Alter der Strafmündigkeit (Vgl. oben S. 3) erreicht haben, sind eo ipso ausgeschlossen.

Die Deportation wird alle diejenigen treffen, welche zu der Klasse der sogenannten Gewohnheitsverbrecher gehören, und zwar auch die jugendlichen Gewohnheitsverbrecher zwischen dem 16. und 18. Lebensjahre[3]) nach richterlichem Ermessen. Es ist nicht nötig, daß die wiederholt Rückfälligen bereits zuchthauswürdige

---

[1]) Vgl. S. 17.

[2]) Art. 6 des französischen Rezidivisten-Gesetzes vom 27. Mai 1885 bestimmt: La relégation n'est pas applicable aux individus qui seront âgés de plus de soixante ans ou de moins de vingt-un ans à l'expiration de leur peine.

[3]) Nach der Kriminal-Statistik des Deutschen Reichs pro 1889 betrug die Zahl der Verurteilten im Alter von 15 bis 18 Jahr:

	wegen einfachen Diebstahls und einfachen Diebstahls im wiederholten Rückfalle		wegen schweren Diebstahls und schweren Diebstahls im wiederholten Rückfalle	
	männlich	weiblich	männlich	weiblich
1883	6140	2761	1166	199
1884	6099	2800	1248	191
1885	5847	2596	1274	188
1886	6044	2679	1201	160
1887	5952	2610	1232	162
1888	5952	2675	1285	166
1889	6648	2955	1476	186

Verbrechen im Sinne unseres Str.-G.-B. begangen haben¹), vielmehr werden auch diejenigen von der Maßregel betroffen, welche wegen **Arbeitsscheu** (Landstreicherei, Bettelei, Lohnhurerei) wiederholt im Arbeitshause detiniert waren, ferner diejenigen, welche **aus Mangel an Subsistenzmitteln** wiederholt Delikte gegen das Eigentum (Diebstahl, Hehlerei, Erpressung, Betrug, Sachbeschädigung) verübt, endlich solche, die durch Roheitsvergehen wiederholt ihre Mitmenschen gefährdet oder geschädigt haben²). Statt dieselben wiederum ins Gefängnis oder Arbeitshaus zu stecken und **nach ihrer Entlassung zu warten, bis sie fürs Zuchthaus reif geworden sind**, ist es jedenfalls weiser, sie beim zweiten oder dritten Rückfalle nach den Strafkolonieen zu deportieren.

Durch solche Ausdehnung der Deportation würde dieselbe zu **einer segensreichen sozial-politischen Institution** heranwachsen.

Denn die **Hauptquelle aller Verbrechen ist unbestritten die Not**³), entstanden aus der Schwierigkeit unserer Erwerbsverhältnisse. Sie treibt alljährlich Hunderttausende unserer Stammesgenossen, und nicht die schlechtesten, für die unser Vaterland zu eng ist, übers Meer, wo sie sich in der neuen Heimat mit der äußersten Anspannung aller ihrer Kräfte ein menschenwürdiges Dasein gründen. Die Unglücklichen aber, denen die Mittel fehlen, ihr unbarmherziges Geschick zu ändern, die bereits durch die Not entkräftet, entmutigt

---

¹) Krohne (Grenzboten 1879 S. 503) will für den Fall, daß die Deportation überhaupt als ein geeignetes Strafmittel zulässig erachtet wird, nur die auf Lebenszeit verurteilten Verbrecher deportieren. Alsdann würde sich freilich die Deportation erübrigen. Nach der Preußischen Gefängnisstatistik pro 1884/85 betrug der Bestand der lebenslänglich Verurteilten 828, pro 1886/87 766, pro 91/92 699.

²) Die Vorschläge **Wahlbergs**, (über die Gewohnheitsverbr., Kl. Schr. I. 136 flg.), v. Liszt's (Zeitschr. IX und X, criminalpolit. Aufg.) und Lammasch's (Liszt'sche Zeitschr. IX. 435) bezüglich der Gestaltung der Freiheitsstrafen für die große Kategorie von Gewohnheitsverbrechern sind an sich wohldurchdacht, aber die tägliche Erfahrung lehrt, daß keine Behandlungsweise, so eigenartig und rationell sie auch in der Theorie erscheinen möge, im stande ist, irgend welche Aussicht auf praktische Erfolge zu gewähren, solange der Staat dem entlassenen Sträfling für den Fall seiner Arbeitslosigkeit nicht den Lebensunterhalt zu verschaffen vermag. — Über die Unzulänglichkeit der Fürsorgevereine **für entlassene Sträflinge** vgl. S. 16.

³) Krohne in d. Liszt'schen Zeitschr. I. S. 75: „circa 80 Proc. der Verbrecher stammen aus Kreisen, in welchen mehr oder weniger die materielle Noth zu Hause ist." Dsgl. v. Liszt in seiner Zeitschrift (VI. S. 377) auf Grund reichen statistischen Materials und Koblinski ebenda IX. 798 flg.

und demoralisiert sind, sie sind die Vorfrucht unserer Zuchthäuser. Die Not ist die Hauptursache ihrer schlechten Erziehung und der sich daranknüpfenden moralischen Verkommenheit, welche schließlich zum Verbrechen führen muß[1]). Können wir alle diese Elemente im Vaterlande nicht mit lohnender Arbeit versehen, so sollten wir wenigstens diejenigen, welche wegen Arbeitsscheu wiederholt im Arbeitshause detiniert waren, oder die durch Begehung von Eigentumsdelikten bereits ihre Unfähigkeit, sich selbständig zu erhalten, bewiesen haben, ferner diejenigen, welche wiederholt durch ihr excessives Verhalten die Kulturgemeinschaft gestört haben und deshalb dem Strafrichter verfallen sind, die Möglichkeit gewähren, ihre Kräfte in einer für ihr eigenes und das Wohl des Vaterlandes geeigneten Weise zu verwerten. Nach Koehne[2]) beträgt die Zahl der gewerbsmäßigen Bettler und Vagabunden im Deutschen Reich mindestens 10000, und nach der Kriminal-Statistik des Deutschen Reichs pro 1890 sind von den im Deutschen Reich wegen Verbrechen und Vergehen gegen das Vermögen verurteilten 168 107 Personen[3]) allein wegen

---

[1]) Sehr richtig sagt Koehne in der Liszt'schen Zeitschr. IX. 301: „Harte Strafen gegen Vagabunden und Bettler lassen sich nur dann rechtfertigen, wenn eine absolute Gewähr dafür besteht, daß die öffentliche Armenpflege jedem Bedürftigen die notwendigsten Subsistenzmittel gewährt."

[2]) a. a. O. S. 287. — Die Zahl der in die (51) Arbeitshäuser Eingelieferten betrug 1874: 10869; 1882: 27459; 1883: 28068 (neuere statistische Angaben fehlen). Der Zweck, die Eingelieferten einer geordneten Lebensweise zuzuführen, wird nicht erreicht, nur werden durch die Detention die Delinquenten eine Zeitlang unschädlich gemacht. Vgl. v. Winzingeroda-Knorr, die deutschen Arbeitshäuser zur Lösung der Vagabundenfrage, Halle 1885, und Münsterberg, „die deutsche Armengesetzgebung und das Material zu ihrer Reform", Leipzig 1887.

[3]) Wegen Verbrechen und Vergehen gegen das Vermögen wurden überhaupt bestraft:

	Die Gesamtzahl der Verurteilten betrug:
1882: 169 334	329 968
1883: 164 590	330 128
1884: 162 898	345 977
1885: 157 275	343 087
1886: 156 930	353 000
1887: 154 745	356 357
1888: 152 652	350 665
1889: 155 621	369 644
1890: 168 107	381 450

Diebstahls und Unterschlagung 43172 vorbestraft gewesen. Das einzige Mittel wirksamer Abhilfe bietet hier die Deportation, mit andern Worten: Der Staat muß diese Unglücklichen zwangsweise in eine solche Lage versetzen, in welche energischere Naturen sich noch aus eigener Kraft zu retten vermochten, bevor es zu spät war. So wie die freie Auswanderung in dünnbevölkerte Länder die einzige Rettung für unser überschüssiges Menschenmaterial ist, so ist die Deportation das notwendige Ventil, durch welches das Deutsche Reich von verbrecherischen Elementen befreit wird, die es bei weiterem Wachstum in seinem Bestande ernstlich zu gefährden vermögen.

Selbst Krohne, ein ausgesprochener Gegner der Deportation als Strafmittel, sagt[1]): „Dagegen können Kolonien ein wertvolles Mittel werden, dem Anwachsen des Verbrechertums im Mutterlande zu wehren, wenn man den besseren Elementen unter den Verurteilten nach verbüßter Strafe in der Heimat, und nachdem die Strafzucht einen heilsamen Einfluß auf sie ausgeübt hat, die Auswanderung nach den Kolonien ermöglicht, um ihnen auf einem neuen Boden, wo die Schwierigkeiten des Kampfes ums Dasein vermindert sind oder doch wenigstens eine andere Form haben, als in der Heimat, die Rückkehr zu einem neuen Leben zu erleichtern."

Allein diese Form der Deportation ist an sich höchst unzureichend, weil man hier dieselbe als freie Auswanderung in das Belieben des aus der Strafhaft Entlassenen stellt und von jeder Kontrolle des ferneren Lebens des Entlassenen in seinem neuen Wirkungskreise absieht. Ist aber das der Deportationsstrafe zu Grunde liegende Prinzip ein richtiges, so muß es der Richter auch gegen den Willen des von der Maßregel Betroffenen durchzuführen im stande sein.

Die Ausführung der von Krohne u. A. empfohlenen Maßregel sollen die Fürsorge=Vereine für entlassene Sträflinge übernehmen. Die Zahl der auf diese Weise freiwillig Auswandernden könnte aber bei der notorischen Unzulänglichkeit der Mittel, welche dergleichen Vereinen in Deutschland zu Gebote stehen, im Vergleich zu dem Bedürfnis selbstverständlich nur eine minimale sein[2]).

---

[1]) Lehrb. d. G. S. 269; vgl. auch dessen Aufsatz in der Liszt'schen Zeitschr. I. S. 91 und ebenda VIII. S. 35 Aschrott.

[2]) In dem reichen England sind im Jahre 1885 nach dem von Aschrott, Strafensystem ꝛc. S. 274, zitierten Jahresbericht des Central Committee of

Zu einer sachgemäßen Durchführung der von uns vorgeschlagenen Maßregel gehört, daß die weniger schlimmen Störenfriede der bürgerlichen Ordnung zur Verbüßung ihrer Strafe nicht mit den gefährlichen Elementen in einer und derselben Strafkolonie, sondern in eigens für sie errichteten Stationen untergebracht werden. Bei der Größe der uns für Deportationszwecke zur Verfügung stehenden Gebiete dürfte sich überhaupt das Prinzip der **Individualisierung** noch in weit größerem Maßstabe durchführen lassen. Es könnten mehrere Stationen für verschiedene Kategorieen von Verbrechern unter Berücksichtigung ihres Vorlebens, der Schwere der von ihnen begangenen Strafthaten, der Art und Weise ihrer Begehung ꝛc. ꝛc. errichtet werden. Verfehlt wäre es, wollte man an einen bestimmten Ort nur solche Sträflinge deportieren, welche zum **Ackerbau** geeignet sind, weil bei der Gründung einer Strafkolonie, wie überhaupt bei der Gründung einer jeden andern Kolonie, verschiedene Kategorieen von Handwerkern erforderlich sind. So machte sich beispielsweise bei der Kolonisierung von Neu-Süd-Wales durch englische Sträflinge der Mangel an Bauarbeitern in störender Weise geltend[1]).

Durch unzweckmäßige Auswahl der für bestimmte Kolonieen geeigneten Subjekte kann der Erfolg eines strafkolonialen Unternehmens in Frage gestellt werden. Damit nun die Auswahl der vorgenannten Verbrecherkategorieen in sachgemäßer Weise geschehe, empfiehlt es sich, daß das erkennende Gericht oder der Staatsanwalt aus den Akten ein kurzes Referat über das von dem zu Deportierenden verübte Verbrechen unter Voranschickung der vita ante acta desselben anfertigt. Dieses Referat geht an das Kolonialamt, in welchem ein besonderer Dezernent für Deportationssachen bestellt sein muß. Dieser bezeichnet nach vorangegangener Kenntnisnahme des konkreten Falls diejenige Strafkolonie, in welche der zu Deportierende abzugeben ist[2]). Eine Abschrift des Personalreferats erhält der Gouverneur der Strafkolonie.

Anarchisten sollten, mit Waffen und Arbeitsgerät versehen, auf eine unzugängliche Insel, von welcher die Flucht unmöglich ist, verbannt werden. Auf Arbeitszwang kann bei dieser Kategorie von Ver-

---

Discharged Prisoners Aid Societies mit Unterstützung sämtlicher englischen Fürsorgevereine im ganzen nur 73 Strafentlassene ausgewandert.

[1]) **Holtzendorff**, Deportation S. 220.

[2]) In **Frankreich** stehen die Strafkolonieen teils unter dem Marineminister teils unter dem Minister der Kolonieen, in **England** dagegen standen sie unter dem Kolonialsekretär.

brechern verzichtet werden. Mögen sie sich selbst in dieser Unkultur situieren. In einer solchen Aussetzung kann eine Härte seitens des Staates nicht gefunden werden. Jene antisozialen Elemente wollen ja diesen Zustand selbst in zivilisierten Staaten herstellen. Auf diese Weise werden wahnwitzige, der Kulturgemeinschaft gefährliche Ideen am besten und sinnfälligsten ad absurdum geführt. Sehr bald wird bei diesen in die Wildnis Ausgesetzten die Sehnsucht nach den Segnungen der Kultur erwachen.

Als in den Jahren 1851—1854 die Strafkolonieen in Australien aufgelöst wurden, räumte die Regierung auch die Insel Norfolk, auf welcher diejenigen Verbrecher festgehalten wurden, die aus dem Abschaum aller nach den Kolonieen Transportierten bestanden, und setzte sie auf der Pitcairn-Insel zur Ansiedelung ab, ohne sich weiter um ihr Geschick zu bekümmern. Diese unbotmäßigen Elemente, welche der Gesellschaft beständig den Krieg erklärt hatten, gründeten daselbst aus eigener Kraft ein Gemeinwesen, das nach dem einstimmigen Zeugnis aller derjenigen, welche jene Insel besuchten, sich durch musterhaften Ordnungssinn und Gesittung auszeichnete[1]). — Man kann von den Anarchisten dasselbe erwarten.

Die Zuschiebung von Verbrechern darf nicht größer sein als das lokale Bedürfnis reicht. Werden mehr Verbrecher nach einem bestimmten Deportationsort gesendet, als dort in einer für das Gedeihen der Kolonie lohnenden Weise beschäftigt werden können, so ließe sich der Arbeitszwang nicht durchführen. Das Kolonialamt wird durch Berichte über die ökonomische Lage der Deportationsorte und die daran geknüpften Anträge ihrer Kolonialbeamten in Bezug auf die Zahl der an bestimmte Orte zu Deportierenden sich leicht vor Mißgriffen schützen können[2]).

Der Strafvollzug an dem zur Deportation Verurteilten ist in folgender Weise gedacht. Sobald der Verurteilte aus dem Depot auf das Schiff gebracht worden ist, beginnt bereits ein harter Dienst. Der Sträfling hat schon bei der Überfahrt alle Arbeiten des Schiffsdienstes (Verladung von Frachten ꝛc.), welche ihm von den Offizieren des Schiffes aufgetragen werden, nach Kräften zu erfüllen. In der

---
[1]) Holtzendorff, Deportation S. 341.
[2]) Durch die in den vierziger Jahren von England aus systematisch betriebene Überschwemmung von Van Diemens Land mit Verbrechern, für die es in diesen Verbrecherkolonieen keine Arbeit gab, wurde diese ehemals blühende Kolonie ruiniert. v. Holtzendorff, Deport. 321.

Strafkolonie angelangt, wird der Deportierte als Strafknecht, hauptsächlich als Ackerbauer, beschäftigt. Doch kann er auch zu jeder anderen Arbeit, deren er fähig ist, angehalten werden. Jede Unbotmäßigkeit wird streng geahndet. In dieser harten Zucht bleibt der Strafknecht so lange, als es die örtliche Kolonialverwaltung für zweckmäßig erachtet[1]). Auf Grund tabelloser Führung kann die Verwaltung die Arbeit mildern und die Kost des Strafknechtes bessern, insbesondere kann nach Ablauf von drei Jahren — aber nicht eher[2]) — der Strafknecht in einem eigens für Ansiedelungszwecke bestimmten und von der Strafkolonie räumlich gehörig getrennten Territorium seinen Wohnsitz angewiesen erhalten und sich daselbst eine selbständige Existenz begründen.

Ist der aus der Strafkolonie Entlassene ein Landwirt, oder hat er sich während seiner Strafzeit in der Kolonie landwirtschaftliche Kenntnisse erworben, so wird ihm Ackerland, eine Hütte, Saatgut und Ackergerät gegen billigen Zins vom Zeitpunkte der möglichen Rentabilität[3]) zugewiesen. Der zu selbständigem Betriebe Angesiedelte kann seine Familie nachkommen lassen, oder er kann sich für den Fall der Ledigkeit verheiraten.

Das Eigentum der zugewiesenen Parzelle verfällt aber zu Gunsten des Fiskus, wenn der Angewiesene durch unordentlichen Lebenswandel den landwirtschaftlichen Betrieb trotz wiederholter Verwarnung vernachlässigt. Er wird dann ebenso behandelt wie derjenige Strafknecht, welchen die Verwaltung nach Verbüßung der Strafknechtschaft zur selbständigen Bewirtschaftung einer Ackerparzelle für ungeeignet erachtet. Dergleichen Entlassene werden versuchsweise entweder freien Ansiedlern oder solchen entlassenen Sträflingen, die sich als Ansiedler bereits längere Zeit bewährt haben, auf deren Antrag gegen Kost und Lohn zur Beschäftigung überwiesen[4]). Für den Fall

---

[1]) Selbstverständlich nicht über die richterlich erkannte Strafzeit hinaus.
[2]) Dieselbe Ansicht vertrat das in England im Jahre 1853 eingesetzte Oberhauscommittee. Holtzendorff, Deport. S. 346 Nro. 5.
[3]) In den englischen Kolonieen wurde für die Erhaltung der Ansiedler auf Staatskosten aus den öffentlichen Vorräten für den Zeitraum von einem Jahre gesorgt. Doch wurde diese Periode von den Kolonisten und Kolonialbeamten für sehr kurz erachtet, indem man es für unmöglich hielt, nach Ablauf eines Jahres in den Besitz der erforderlichen Vorräte zum eignen Unterhalte zu gelangen. v. Holtzendorff, Deport. S. 232.
[4]) In Neu-Süd-Wales machte sich schon nach wenigen Jahren der Be-

2*

der Unbrauchbarkeit im Privatdienst werden sie von der kolonialen Regierung bei öffentlichen Arbeiten beschäftigt. An solchen wird es nie fehlen. Hierher gehören besonders Hafenanlagen und Wegebauten (Eisenbahnen), ferner Bauarbeiten, wie Unterkunftsräume für die Sträflinge (Baracken), Magazine, Speicher, Hospitäler, Häuser für Beamte, Hütten für die zu entlassenden Sträflinge im Ansiedelungs= gebiete, endlich Kulturarbeiten zum Zwecke der Urbarmachung von Ländereien.

In Neu=Süd=Wales bildete zuerst der Gouverneur Brisbane aus Sträflingen schon während der Verbüßung der Strafknechtschaft sogen. Robungskompagnieen (clearing gangs), welche von Wächtern beaufsichtigt wurden. Diese überließ er privaten Landeigentümern gegen Gewährung von Kost und Bezahlung von Lohn an das Gou= vernement zur Ausrodung gewisser Landstrecken[1]). Auch gegen diese Verwertung von Sträflingen wird sich nichts einwenden lassen, wie= wohl diese Arbeitskräfte in erster Linie besser für die Zwecke der Strafkolonie selbst resp. zur Urbarmachung des für entlassene Sträf= linge bestimmten Ansiedelungsgebietes verwendet werden.

Nach und nach hatte sich unter den tüchtigen Gouverneuren der aufblühenden englischen Strafkolonie ein eigenartiges Beschäftigungs= system der Transportierten ausgebildet, das sich auf die fortschrei= tende Besserung der Sträflinge gründete und später auch bei Voll= streckung der Freiheitsstrafe auf dem Kontinent in weiterer Ausbildung (Progressivsystem) Anwendung fand. — Hatte der in der Straf= kolonie angekommene Sträfling in harter Arbeitszeit die Schwere des Strafzwanges erlitten und sich brauchbar erwiesen, so wurde er in die vorerwähnten clearing gangs eingereiht und, wenn er sich hier gut geführt hatte, einem freien Ansiedler assigniert. Befriedigten die Leistungen und die Führung des Assignierten während der Zeit seiner Assignation, welche genau bestimmt war, so wurde ihm endlich für den Rest der Strafzeit ein Urlaubsschein (ticket of leave) gegeben, auf Grund dessen er sich innerhalb eines bestimmten Bezirks selbständig gegen Lohn verdingen durfte. Diese Urlaubsscheine er= fuhren später gesetzliche Regelung. Vgl. das Gesetz von 1829 (9 Geo. IV. c. 83) und das von 1832 (2 a. William 3. IV. c. 62).

---

siedelung eine starke Nachfrage von seiten freier Ansiedler nach Sträflingen als Arbeiter geltend. Holtzendorff, Deport. S. 249.

[1]) v. Holtzendorff, Deport. S. 296. 297. und Aschrott, Strafensystem und Gefängnißwesen in England S. 41. 42.

Danach durfte ein zu lebenslänglicher Strafe Verurteilter erst nach Ablauf von 8 Jahren, ein Sträfling, der zu 14 Jahren verurteilt worden war, nach 6 Jahren, ein Sträfling, der zu 7 Jahren verurteilt worden war, nach 4 Jahren einen Urlaubsschein erhalten[1]).

Bezüglich des Umfanges der Landverleihung muß auf die persönlichen Verhältnisse des Entlassenen Rücksicht genommen werden. So erhielt bei der Gründung der Strafkolonie von Neu-Süd-Wales jeder entlassene Sträfling für den Fall seiner Niederlassung 30 oder, wenn er verheiratet war, 50 und für jedes Kind weitere 10 Acker (der Acker gleich 1,58499 preuß. Morgen). Bei diesen Landverleihungen verfuhr die englische Krone sehr praktisch. Sie reservierte sich an jeder Seite eines zugewiesenen Landstückes ein doppelt großes Feld, das nur für einen Zeitraum in Pacht gegeben werden sollte. Das Verhältnis stellte sich also in der Art, daß die Krone in der Hoffnung eines späteren vorteilhaften Verkaufs die freien Verleihungen auf den dritten Teil des Bodens beschränkte. Durch dieses System wurde der Ackerbau immer mehr in das Innere vorgeschoben. In fruchtbaren Flußthälern durfte die nach dem Flusse zu liegende Front des zugewiesenen Ackers (floodedland) niemals mehr als ein Drittel der in das Land hineingehenden Längenfront betragen. Dadurch wurde eine größere Zahl von Ansiedelungen der Vorteile teilhaft, welche die Nutzung des Wassers für den landwirtschaftlichen Betrieb zur Folge hat.

Auch für Kirche und Schule wurde durch Landverleihungen reichlich gesorgt. Die Kirche erhielt für jede Parochie zum Unterhalt eines Geistlichen 400 Acker, jede Schule für einen Elementarlehrer die Hälfte[2]).

Wenn der Entlassene kein Landwirt ist, so ist ihm zu gestatten, in dem für Entlassene bestimmten Ansiedelungsgebiete unter Gewährung einer Heimstätte und der notwendigen Arbeitsmittel

---

[1]) Vgl. v. Holtzendorff, Deportation 295 flg. und Aschrott, Strafensystem ɪc. S. 42. Auf die Darstellung des sogen. Probesystems (probation system), welches im Jahre 1842 zur Behebung gewisser angeblicher Mißstände in den Strafkolonieen eingeführt wurde, kann hier verzichtet werden, weil dieses gleichfalls auf dem Prinzip des allmählichen Fortschreitens in der Behandlung der Sträflinge basierte System keine für die Deportationsfrage neuen Gesichtspunkte von irgend welcher Erheblichkeit darbietet, und weil bereits hierbei die Transportationsstrafe, wenigstens bei einer bestimmten Kategorie von Verbrechern, erst nach teilweiser Vollstreckung der Strafe im Inlande zur Ausführung gelangt.

[2]) Holtzendorff, Deport. 232. 233.

ein anderes seinen Fähigkeiten entsprechendes Geschäft, z. B. ein Handwerk, eine Technik oder ein Handelsgewerbe, zu betreiben. Nach Ablauf einer billig zu bemessenden Zeit tritt auch für diese Kategorie die Pflicht zur Verzinsung resp. Zurückzahlung des aufgewendeten Kapitals an die Verwaltung ein. Solchen Ansiedlern können auf ihr Ersuchen Sträflinge, welche dasselbe Handwerk oder Gewerbe gelernt und sich während der Strafzeit ordentlich geführt haben, schon vor Ablauf von drei Jahren zur Zwangsarbeit überwiesen werden. Für Kost und Kleidung hat der Arbeitgeber zu sorgen. An die Kolonialverwaltung hat er außerdem einen vertragsmäßig festgestellten Lohn zu zahlen, der nur zu einem Bruchteile dem Sträfling gutgeschrieben und bei seiner Entlassung ausgezahlt wird. Der in solcher Weise beschäftigte Sträfling geht dieser milderen Form der Strafknechtschaft verlustig, wenn er durch Trägheit oder durch sein Betragen hierzu Veranlassung giebt. Alsdann wird er wieder zur Zwangsarbeit in die Strafkolonie versetzt.

Gehört der Entlassene der Kategorie der Gebildeten an, so kann er sich in dem Ansiedelungsgebiete berufsmäßig beschäftigen, z. B. als Arzt oder Lehrer. Ehemalige Beamte können von der kolonialen Verwaltung versuchsweise z. B. im Schreiberei- und Rechnungswesen angestellt werden. Gerade diese Kategorie Entlassener kann eine wertvolle Stütze des neu sich bildenden Gemeinwesens werden.

Es wäre indes verfrüht, wollte man die aus der Strafknechtschaft Entlassenen sofort unter das allgemeine bürgerliche Recht stellen. Bevor dies geschehen kann, müssen die Entlassenen erst eine längere Probe bestehen. Sie verbleiben daher noch unter der Disziplin einer zur Überwachung entlassener Deportierter eingesetzten Verwaltungsbehörde. Durch Begehung eines Verbrechens verwirkt der Entlassene seine ihm nur versuchsweise gewährte Freiheit. Er wird wieder Strafknecht und muß nunmehr wiederum fünf Jahre als solcher in der Strafkolonie arbeiten.

Hat der aus der Strafknechtschaft Entlassene zehn Jahre hindurch sich zur Zufriedenheit der Disziplinarbehörde geführt, so steht ihm frei, sich überall im Kolonialgebiet seßhaft zu machen.

Durch die Art und Weise des hier entwickelten Strafvollzuges soll in jedem Sträfling die Hoffnung auf eine allmähliche Besserung seiner Lage erweckt werden. Hierin liegt für den Sträfling ein mächtiger Antrieb, sich moralisch zu heben, und dieser Trieb wirkt zugleich nutzbringend für das Gedeihen unserer Kolonieen.

Eine wichtige Frage ist ferner die, ob die Deportation eine lebenslängliche oder eine zeitige sein soll.

Gegen die lebenslängliche Expatriierung der Unverbesserlichen wird sich nichts einwenden lassen. Indes ist der Begriff „unverbesserlich" kein absolut feststellbarer.

Nach dem französischen sogen. Rezidivisten=Gesetz vom 27. Mai 1885 sollen mit lebenslänglicher Verbannung (relégation) bestraft werden folgende vier Klassen von Verurteilten[1]):

1. solche, die innerhalb 10 Jahren zweimal zu Zuchthaus, oder
2. einmal zu Zuchthaus und zweimal entweder wegen Verbrechen zu mehr als zweijährigem Gefängnis, oder wegen Diebstahls, Betrugs, Unterschlagung, öffentlicher Verletzung der Schamhaftigkeit, gewohnheitsmäßiger Verleitung zur Unzucht, oder wegen Landstreicherei oder Bettelns zu mehr als dreimonatlichem Gefängnis, oder
3. viermal wegen Verbrechen oder Vergehen der aufgeführten Art zu mehr als dreimonatlichem Gefängnis, oder endlich
4. siebenmal überhaupt zu Gefängnis, wovon zweimal wegen Vergehen der erwähnten Art und noch zweimal zu mehr als drei Monaten verurteilt worden sind.

Es soll durch die Aufstellung gesetzlich fixierter Verbrechergruppen eine Präsumtion der Unverbesserlichkeit geschaffen werden und zwar in der Art, daß der Richter bei dem Vorliegen gewisser im Gesetze genau bestimmter Merkmale Unverbesserlichkeit annehmen muß. Als solche gelten nach dem Gesetz die Anzahl der Verurteilungen, ihre Schwere, der Zeitraum, der zwischen den einzelnen Verurteilungen liegt, und die Art des Verbrechens. Gegen diese gesetzliche Präsumtion der Unverbesserlichkeit läßt sich einwenden, daß dieselbe zu Härten führen kann; denn nicht die Thatsache des Rückfalles allein, sondern die Gefährlichkeit des Delinquenten für die Gesellschaft vermag nur eine so einschneidende Maßregel, als welche die lebenslängliche Deportation sich darstellt, zu rechtfertigen. Deshalb muß die Möglichkeit offen bleiben, daß der Richter in jedem

---

[1]) Die Relegation tritt übrigens nach Art. 12 des Rezidivistengesetzes erst nach gänzlicher oder teilweiser Verbüßung der Freiheitsstrafe im Inlande ein. Über die Art der Beschäftigung der Sträflinge während dieser Strafzeit trifft das zu dem Rezidivistengesetz ergangene réglement d'administration publique vom 26. November 1885 detaillierte Bestimmungen. (Vgl. Art. 13—15.)

einzelnen Falle die Notwendigkeit und Gerechtigkeit der Maßregel unter Prüfung der Persönlichkeit des Delinquenten in Erwägung zieht und dann nach freiem Ermessen entscheidet.

Zu zeitiger Deportation dürften diejenigen Affekt- und Gelegenheits-Verbrecher geeignet sein, welche schwere Verbrechen, z. B. Totschlag, vorsätzliche schwere Körperverletzung mit tötlichem Erfolge, Brandstiftung aus Rache, Sittlichkeitsverbrechen, begangen haben. Hier muß der Richter durch Erkenntnis die Dauer der Deportationsstrafe feststellen. Dieselbe dürfte die Zeit von 10 Jahren nicht übersteigen. Aber auch diese bloß zu zeitlicher Deportation Verurteilten dürfen nach Verbüßung ihrer Strafe nach Deutschland nur dann zurückkehren, wenn sie nachzuweisen vermögen, daß sie im stande sind, sich resp. ihre Familie in der Heimat zu erhalten. Ob dies der Fall ist, hat der Gerichtshof des Deportationsortes zu bestimmen. Für den Fall, daß der Gerichtshof diesen Nachweis nicht für geführt erachtet, steht dem Abgewiesenen die Beschwerde an ein aus Mitgliedern des Kolonialamts gebildetes Kollegium zu.

Begeht ein in die Heimat Zurückgekehrter wieder ein deportationswürdiges Verbrechen, so wird er lebenslänglich deportiert. Indes muß auch den zu zeitlicher Deportationsstrafe Verurteilten frei stehen, unter denselben Bedingungen, wie die zu lebenslänglicher Deportation Verurteilten, in dem für Entlassene bestimmten Ansiedelungsgebiete zu bleiben. Sie können alsdann daselbst entweder angesiedelt werden oder ein Handwerk oder Gewerbe betreiben, welches sie gelernt haben.

Bei solcher Regelung der Deportationsstrafe wird nicht, wie Krohne (Grenzboten 1879 S. 504) befürchtet, eine erhebliche Anzahl gefährlicher Deportierter ins Vaterland zurückkehren.

In den australischen Kolonieen suchten die Gouverneure durch verschiedene Maßregeln die Rückkehr derjenigen Sträflinge zu verhindern, welche nur zu zeitiger Deportation verurteilt worden waren.

So erklärte schon der erste Gouverneur von Neu-Süd-Wales, Phillip, daß diejenigen, welche ihre Strafe in dem Kolonialgebiet verbüßt hätten, unbeanstandet nach England zurückkehren dürften, wenn sie aus eigenen Mitteln ihre Rückfahrt zu bezahlen im stande wären. Diejenigen dagegen, welche dies nicht vermöchten — und dies bildete die Regel — müßten in der Kolonie verbleiben; sie wurden aber gezwungen, sich wöchentlich über die Art ihres Lebensunterhalts vor einem Kommissar auszuweisen. Eine andere Erschwernis der

Rückkehr bestand darin, daß die Privatschiffe, welche für den Transport von Lebensmitteln nach Neu-Süd-Wales gemietet wurden, sich kontraktlich verpflichten mußten, niemanden in der Kolonie ohne eine besondere Erlaubnis des Gouverneurs vor ihrer Abfahrt an Bord zu nehmen. Durch solche die Rückkehr erschwerende Maßregeln wollte man einerseits die Rückkehr bedenklicher Elemente verhindern, andererseits aber auch für brauchbar befundene Arbeitskräfte lediglich im Interesse des Gedeihens der Kolonie zurückhalten[1]). Thatsächlich blieb die englische Transportation bis zu ihrer Aufhebung eine lebenslängliche.

---

[1]) v. Holtzendorff, Deport. S. 240 flg.

III. Zur Verwaltung der Strafkolonieen.

Für die Verwaltung unserer Strafkolonieen können wir viel von den praktischen Engländern lernen. Theoretische Skrupel plagten sie nicht und, obwohl ihre Verwaltung nicht gerade übertrieben philanthropisch genannt werden kann, so war sie doch im großen und ganzen nicht ungerecht und dabei politisch klug und weise.

An der Spitze der Strafkolonie muß ein Gouverneur (am besten ein in Kolonialsachen erfahrener Land- oder Seeoffizier) stehen mit unumschränkten Machtbefugnissen. So wurde dem ersten Gouverneur der anzulegenden Strafkolonie in Australien, dem Kapitän Phillip, von der englischen Regierung alle Zivil-, Militär- und Strafgewalt, selbst das Begnadigungsrecht übertragen. Nichts wäre verkehrter und für das Gedeihen der Kolonie nachteiliger, als wenn man dem Gouverneur vom grünen Tische aus Instruktionen und Verhaltungsmaßregeln für Verhältnisse geben wollte, die nur derjenige zu beurteilen vermag, der an Ort und Stelle wirkt. Gerade wir Deutschen haben die Neigung, die Schaffensfreudigkeit unsrer Verwaltungsorgane durch fortwährendes Reglementieren zu lähmen. Hier könnten wir viel von den Engländern lernen. Den ersten Gouverneuren von Neu-Süd-Wales, die freilich ungemein tüchtige Beamte waren, wurden nur die allgemeinen Umrisse ihrer Machtvollkommenheit angedeutet. Nur dadurch war es ihnen möglich, mit der Energie zu handeln, welche die Umstände erforderten, nur dadurch vermochten sie die vielfachen Hindernisse und Hemmungen zu beseitigen, die sich besonders bei der Neubegründung solcher Unternehmungen notwendig einzustellen pflegen. Aber ihre Erfolge waren wahrhaft glänzende, die höchsten Erwartungen übertreffende.

Durch solche außerordentliche Machtbefugnisse wird selbstverständlich die Verantwortlichkeit des Beamten für die während seiner Amtsführung vorgenommenen Handlungen nicht ausgeschlossen.

Zur Aburteilung der von den Sträflingen verübten Verbrechen und Vergehen muß ein Gerichtshof gebildet sein, an dessen Spitze ein Jurist mit Richterqualität steht, und dessen Beisitzer je nach der Schwere der That 2 oder 4 Offiziere der Landarmee oder Marine sind. Die Stelle des Anklägers vertritt gleichfalls ein juristisch gebildeter Kolonialbeamter. Das Verfahren muß ein summarisches sein. Die Urteilsfällung erfolgt mit ²/₃ der Stimmen. Mord und Totschlag, Meuterei und thätlicher Angriff eines Vorgesetzten werden mit dem Tode bestraft. Doch bedarf ein Todesurteil der Bestätigung des Deutschen Kaisers. Bis zu diesem Zeitpunkte wird der Verurteilte in strenger Verwahrung gehalten. Bei Meuterei oder bei thätlichem Angriff gegen einen Beamten kann — abgesehen vom sofortigen Gebrauche der Waffen bis zur Vernichtung des Delinquenten — nach erfolgter Verurteilung die Todesstrafe sofort vollstreckt werden[1]. Begeht ein Deportierter das zweite Mal ein Verbrechen, das nach dem Deutschen Strafgesetzbuch mit Zuchthaus bestraft würde, so wird er mit lebenslänglicher Verbannung auf eine Insel bestraft, von welcher ein Entkommen nicht möglich ist. Dergleichen Verbrecherkolonieen sind „große Kerker in freier Luft[2]". Leichtere Vergehen, z. B. geringfügige Entwendungen, werden mit harter Arbeit[3] und magerer Kost (Wasser und Brot) bestraft. Auf Verstöße gegen die Disziplin, wie Ungehorsam, Trägheit, unanständiges Benehmen, steht körperliche Züchtigung. Frauen werden in solchen Fällen mit Haft bei Wasser und Brot oder durch Anbinden an Bäume oder Pfosten bestraft.

Bei richtiger Wahl der Strafkolonie tritt eine erhebliche Ersparnis an Kosten in der Gefängnis-Verwaltung ein; denn trotz leicht gebauter Baracken als vorübergehender Unterkunftsräume[4] der den Tag über im Freien beschäftigten Strafgefangenen ist die

---

[1] Doch muß das Todesurteil in diesen Fällen vom Gouverneur bestätigt sein.

[2] So nennt v. Holtzendorff, Deport. 310 die Verbrecherkolonieen von Van Diemens Land und Norfolk Island.

[3] So beschäftigte der Gouverneur Phillip mit Erfolg diejenigen Sträflinge, welche sich leichter Diebstähle schuldig machten, zur Strafe mit anstrengenden Bauarbeiten.

[4] Man vergl. damit den ungeheuern Aufwand unserer Zuchthaus-Paläste.

Möglichkeit des Entkommens so gut wie ausgeschlossen. Wohin soll der Sträfling entfliehen? In die Wildnis oder ins Wasser? In der ersten Zeit nach Gründung der Kolonie wird der Wachtdienst ausschließlich von Beamten der Kolonie besorgt werden müssen. In der Folge aber wird dieser Dienst auch solchen Sträflingen[1]) übertragen werden können, welche während ihrer Strafzeit sich tadellos geführt haben und findige Subjekte sind. Diese Einrichtung hat sich in Neu-Süd-Wales vorzüglich bewährt, denn gerade dadurch wurde die Entdeckung zahlreicher Verbrechensfälle ermöglicht, und Collins, der erste Richteradvokat (Judge advokate) von Neu-Süd-Wales, bezeugt auf das Bestimmteste, daß viele Straßen Londons nicht so gut bewacht und beschützt gewesen seien, als die zwar kleine, aber emporstrebende Stadt Sydney[2]).

Dieselbe Erfahrung hat der bekannte Afrikareisende Otto Ehlers in der englischen Strafkolonie auf den Anbamanen im Jahre 1891 gemacht. Er sagt („An indischen Fürstenhöfen", 2. Aufl. 1894. II. S. 170): „Was den die Strafkolonie besuchenden Fremden am meisten auffällt, das ist die wunderbare Sicherheit, mit der man sich unter den Gefangenen bewegt, und die überraschend geringe Zahl von Aufsehern, von denen nebenbei die meisten selber Gefangene sind, die nach langjähriger tadelloser Führung diesen Posten erhalten haben. Fluchtversuche sind nahezu aussichtslos . . . . Einer unter Tausend vielleicht erreicht das Ziel seiner Wünsche."[3])

Es dürfte sich sogar empfehlen, die als zuverlässig erprobten Elemente unter den Sträflingen im Gebrauch der Schußwaffen zu üben, um sie bei einem Überfall durch Eingeborene als Schutztruppe der Kolonie zu verwerten. Eine solche Verwendung der Sträflinge würde auch von hohem Einfluß auf die Steigerung ihres Rechts- und Ehrgefühls sein, indem sie, zur Erhaltung des sich bildenden Gemeinwesens als mitwirkende Kräfte herangezogen, die Not-

---

[1]) Unsere Strafanstaltsbeamten werden zu diesem Vorschlage sicher die Köpfe schütteln.
[2]) v. Holzendorff, Deportation S. 227. 228.
[3]) Dasselbe berichtet aus der Strafkolonie v. Neu-Süd-Wales v. Holzendorff, Deportation S. 238. 239: „Während die Einen bei ihren tollen Unternehmen den Untergang in der See fanden, fanden die Andern entweder in den Urwäldern ihr Ende oder kehrten zurück, nachdem sie das Thörichte in ihren Plänen einsahen."

wendigkeit der Ordnung und der Achtung vor dem Gesetze erkennen lernen würden.

Der Schutz des Ansiedlungsgebiets für entlassene Sträflinge aber wird ganz der von den Ansiedlern gebildeten Truppe überlassen bleiben[1]). Sie können zur Führung Offiziere erhalten.

[1]) Durch solche Verwendung der Deportierten würden sich die Ausgaben für unsere Kolonieen erheblich vermindern. Vgl. dagegen die von Krohne, Grenzboten, 1879. S. 503, aufgestellte Berechnung der Kosten der überseeischen Strafkolonisation.

IV. Die Schutzgebiete des Deutschen Reichs mit Beziehung auf die Deportation.

In diesem Abschnitte sollen die uns zu Zwecken der Deportation zur Verfügung stehenden Kolonialgebiete näher betrachtet werden. Es liegt uns selbstverständlich fern, mit der Anführung gewisser Teile unserer Schutzgebiete schon bestimmte Orte zur Anlage von Strafkolonieen vorzuschlagen. Das ist Sache berufener Kenner unserer Kolonieen. Aber zur Vollständigkeit einer Abhandlung über Deportation für deutsche Sträflinge gehört wenigstens die Erwähnung der wichtigsten Teile der dem Deutschen Reiche gehörigen Schutzgebiete, die als kulturfähiges Land bisher erforscht worden sind, unter Angabe der klimatischen, die Gesundheit der Europäer bedingenden Verhältnisse[1]).

Wenn auch nach den Ergebnissen unserer bisherigen Forschungen, die allerdings noch nicht als abgeschlossen zu betrachten sind, unser Kolonialbesitz sich nicht zu einer deutschen Massenauswanderung eignet, so finden sich doch in demselben viele der Kultur fähige Gebiete, welche die Bevölkerung unserer deutschen Strafanstalten b e q u e m aufzunehmen vermögen.

---

[1]) Dies fordert mit Recht Aschrott „zur Reform des Deutschen Gefängniswesens" in der Liszt'schen Zeitschrift XIII. 34. — Die Ergebnisse der wissenschaftlichen Durchforschung unserer Schutzgebiete hat Jos. Partsch in Kiepert's deutschem Kolonialatlas 1893 (Berlin, Dietr. Reimer) übersichtlich zusammengestellt. Diesem Werke und der im J. 1893 von demselben Verfasser erschienenen Abhandlung „die Schutzgebiete des Deutschen Reichs" sind die folgenden Angaben größtenteils entlehnt.

A. In Deutsch-Ost-Afrika.

Hier sind besonders die unteren Abhänge des Kilima-Ndjaro auf der Südseite (das Djagga-Land), ferner das Hochland von Usambaro, der deutsche Anteil an den Ufern des Victoria (Karagwe), das Land zwischen den Quellen des Ulanga und dem Njassa bis zum Rikwa-See erwähnenswert. Außerdem sind in der Gegenwart noch weite Territorien so gut wie unbekannt, und manche zur Zeit noch für wertlos gehaltene Strecken in Deutsch-Ost-Afrika mögen sich in fruchtbares Kulturland verwandeln lassen. (Partsch, Kolonialatlas S. 10. 11.) Die Mannigfaltigkeit der verfügbaren Bodenarten und Höhenlagen gestattet eine zweckmäßige Auswahl des Grundes für verschiedene Tropengewächse (Reis, Baumwolle, Tabak, Vanille, Kaffee und Kakao), aber auch für Getreide und andere heimische Feldfrüchte.

Besonders die Gebirgslandschaften sind für die Kolonisation durch Europäer geeignet, weil sie für deren Gesundheit und Arbeitskraft weit günstigere Bedingungen bieten als die in den Niederungen und an der Küste gelegenen Strecken. Nach den Berichten des Dr. Peters und einem Gutachten des Dr. Volkens[1]) sind die Berglagen des Kilima-Ndjaro zur Ansiedelung für deutsche Kolonisten geeignet. Für die Höhe zwischen 1200 bis 2000 m empfiehlt Volkens die Besiedelung mit Verzichtleistung auf eingeborene Arbeitskräfte[2]), und nach einer Ende März d. J. eingelaufenen Nachricht des kaiserlichen Gouverneurs von Schele findet sich zwischen den Quellen des Ulanga und dem Nyassa bis zum Rikwa-See ein reiches Hochland, das nicht bloß zu Plantagenanlagen aller Art, sondern auch zu Ansiedelungen europäischer Ackerbauer geeignet ist. Der Boden ist von vorzüglicher Beschaffenheit, Wasser stets vorhanden, Schwierigkeiten mit Urbarmachung sind namentlich im Hochplateau

---

[1]) Abgedruckt im deutschen Kolonialblatt, wissenschaftliche Beihefte VII, Heft 1, S. 59 flg.

[2]) Dasselbe gilt aller Wahrscheinlichkeit auch von dem Lande am Kamerungebirge und dem Gebirge selber. In einem nach amtlichen Quellen gegebenen Bericht „die deutschen Schutzgebiete in ihrer wirtschaftlichen Entwickelung bis zum Jahre 1893" (Leipzig, Gustav Uhl) heißt es (S. 28): „Es gäbe an der ganzen westafrikanischen Küste keinen Platz, der für die Anlage von Plantagen bei glücklicher Lösung der Arbeiterfrage vielversprechender wäre, als der vorgenannte. Äußerst fruchtbarer, meist jungfräulicher Boden, frisches, fließendes Wasser in Gestalt von Bächen und Flüssen mit meist starkem Gefälle, was bei der Anlage künstlicher Gewässer von großer Bedeutung ist, an der Westseite des Gebirges sogar sehr bedeutende Regenmengen ꝛc. ꝛc."

zwischen Ruaha und den Seeen so gut wie ausgeschlossen, da das Land überwiegend eine mit kleineren Buschparzellen durchsprengte, leicht wellige Wiesenfläche ist. Die Flora gleicht sehr der heimischen. Alle Gemüsesorten gedeihen vorzüglich, desgleichen die afrikanischen Getreidesorten.

Durch die am Anfange der Kolonisation beobachtete größere Sterblichkeit darf man sich nicht abschrecken lassen; denn die Anfänge der Einrichtung kolonialer Erwerbungen waren für jedes Volk besonders verlustreich und die Gefahren minderten sich, sobald der Kampf gegen sie planmäßig aufgenommen wurde mit zweckentsprechender Fürsorge für gesunde Unterkunft und einer dem Klima angemessenen Lebensweise. Die dem deutsch-ost-afrikanischen Schutzgebiete zugewiesene Insel Mafia (523 ☐ km) wäre als Verbannungsort für solche Sträflinge verwertbar, welche durch Verübung neuer Verbrechen in den Strafkolonieen oder durch Fluchtversuche sich der verhältnismäßig milderen Strafe in der Strafkolonie unwürdig gezeigt haben. Eine Flucht ist bei der Schwierigkeit des Anlandens so gut wie ausgeschlossen. Zwar wird das Innere der Insel als sumpfig geschildert, aber für diese Kategorie unverbesserlicher Verbrecher braucht man nicht gerade einen klimatischen Kurort als Verbannungsort zu wählen.

B. In Deutsch-West-Afrika.

Dieses Schutzgebiet bietet auf den ersten Blick für den Europäer nichts Verlockendes. Die Küste zwischen den Mündungen des Kunene und des Orange-Stromes ist ein dürrer, von Dünen gesäumter Strand. Überhaupt ist das Land ungemein wasserarm. Oberflächlich fließendes Wasser fehlt dem Lande einen großen Teil des Jahres über nahezu vollständig. Beständige Wasserführung ist nur den genannten Grenzflüssen eigen: dem Orange-Strom, welchen Stromschnellen, die Barre an der Mündung und die für Berieselung der Ufer zu tiefe Lage seines stark eingeschnittenen Bettes ziemlich wertlos machen, dem Kunene mit ebenfalls arg versandeter Mündung. Außer Betracht kann vorläufig bleiben der weit im Innern außerhalb des gegenwärtigen Machtbereichs durch sumpfige Gründe fließende Okawango.

„Alle anderen Flußbetten des Landes füllen sich nur vorübergehend streckenweise nach starken Regengüssen, dann aber mit wilder Gewalt. Den größten Teil des Jahres über stehen in ihren Betten höchstens einige Lachen, aber immer zieht unter dem Sande im Grunde Wasser in geringer Tiefe dahin, erreichbar für den Fuhrmann, der aus einem rasch gegrabenen Loche seine Ochsen tränken will, erreichbar auch für die Wurzeln der Pflanzenwelt, die mitten in steiniger Wüste in den Flußbetten ihr freudiges Grün hervortreibt".

Die Vegetation des Küstensaumes ist eine ärmliche. „Dem Botaniker bietet hier das Studium der Mittel, durch welche die Pflanzenwelt den harten Daseinsbedingungen sich anpaßt, Ersatz für die mangelnde Fülle an Arten und Individuen". Dagegen ist die Vegetation im Innern, welches nicht so regenarm ist wie die Küste, besonders da, wo sich (heiße) Quellengruppen finden, wesentlich reicher.

Die Tierwelt ist zur Zeit nur spärlich vertreten. Um die Mitte des Jahrhunderts war dies Land noch einer der reichsten Jagdgründe der Erde. Heute haben die größeren jagdbaren Tiere sich schon in die entlegensten Steppen und in die Sümpfe im Nord-Osten der Interessensphäre zurückgezogen. Nur Antilopen giebt es noch allenthalben. Die Vernichtung des alten Reichtums der wilden Tierwelt hat das Land einer Grundlage des ältesten Handelsbetriebes beraubt.

Bezüglich des Klimas betonen alle Beobachter den scharfen Unterschied, der namentlich in der Wärmeverteilung zwischen Küste und Binnenland besteht. Während die Temperatur des Küstensaumes durch das Vorherrschen frischer Süd-West-Winde und durch den Einfluß des Kaltwasserstroms im Jahresmittel auf 16,5° herabgedrückt wird, steigt sie im Innern des Landes erheblich. „Glühende Mittagsstunden und bitterkalte Nächte vereint ein Tageslauf. Aber die hohen Wärmegrade und die schnellen Temperatursprünge werden leicht bei vollstem Wohlbefinden von einem gesunden Organismus ertragen, weil die Luft trocken ist."

Sehr lehrreich ist gerade mit Bezug auf die Kolonisationsfähigkeit von Süd-West-Afrika ein Vergleich mit Australien. Es finden sich auffallend ähnliche Schilderungen, wie wir sie heute über Süd-West-Afrika lesen, über die Natur Australiens aus der Zeit, als man dieses Land zu Deportationszwecken erforschen ließ. Bei Holtzendorff (Deportation S. 189 flg.) lesen wir: „Wo das Auge des Seefahrers aus einer Zerklüftung der die Küsten begleitenden Bergketten ein Flußthal zu finden erwartete, fand sich größtenteils nichts als eine trockene, nur während der Regenzeit durchströmte Bergfurche. Die meisten Küstenflüsse der Ostseite trocknen im Sommer aus, während ihr enges, tiefgeschnittenes Bette in den Zeiten heftiger Regengüsse nicht genügt, um dem Abfluß des Wassers eine feste Bahn anzuweisen...... Die Armut an fließenden

Gewässern wird von der Seltenheit der Seeen noch bedeutend übertroffen. Einzelne Landesvertiefungen im Innern werden zwar von stagnierenden Wassermassen zeitweise zum Rang von Landseeen erhoben, auch diese pflegen indes in der heißen Jahreszeit fast gänzlich auszutrocknen...... Das Klima Australiens entspricht dem Gesamtcharakter des Kontinents, wie er in der Verteilung der Gebirgsketten und dem großen Mangel an Wasser angedeutet ist. Abgesehen von den notwendig durch die verschiedene geographische Breite bedingten Abstufungen der Temperatur, zeigt dieselbe den festen Grundzug der äußersten Trockenheit. Während der nördliche Teil Australiens auf der Halbinsel Coburg eine Hitze gleich der in Kalkutta und Madras aufzuweisen hat, stuft sich das tropische Klima nach Süden zu ab, bis es in Neu-Süd-Wales und Süd-Australien die durchschnittliche Wärme Süd-Europas annimmt, die indes in den inneren Hochebenen jenseits der blauen Berge eine erheblich niedrigere ist, als unter gleicher Breite an der Seeküste. Selbst in denjenigen Teilen Australiens, wo das Klima in Wirklichkeit ungewöhnlich heiß ist, übt es seiner Trockenheit wegen keinerlei nachteiligen Einfluß auf die Gesundheit oder die Arbeitskraft europäischer Ansiedler aus. Dieselben können, ohne der Erschlaffung zu verfallen, im Freien ebenso angestrengt arbeiten wie in ihrer Heimat, und gerade hierin zeichnet sich Australien vor der entnervenden feuchten Hitze Amerikas und Asiens in deren tropischen Gegenden aus. Neben ihrer Trockenheit und Dürre zeigt die Temperatur in Australien eine außerordentlich geringe Wandelbarkeit und sehr wenig Neigung zu plötzlichem Wechsel, obgleich an einzelnen Punkten der Küste schnelle Übergänge keineswegs selten sind.

Als die europäischen Ansiedler den australischen Kontinent betraten, fanden sie nur wenig Erzeugnisse des australischen Bodens vor, die er selbst aus sich hervorbrachte..... Unter allen Bäumen und sämtlichen Gesträuchern befand sich kein einziges Gewächs, welches eine für menschliche Nahrung vollkommen geeignete oder dauernd genügende Frucht hervorbrachte. Die großen Weidestrecken Australiens, auf denen gegenwärtig zahllose Herden der europäischen Ansiedler weiden, sind fast niemals ununterbrochen. Sie stellen vielmehr gleichsam eine Oasenbildung vor, welche immer, wenn auch von schmalen Wüstenrändern eingefaßt wird ......
Daß der Mangel an Mannigfaltigkeit der Pflanzenarten beim Betreten europäischer Ansiedler keineswegs in einer eigensinnigen Starr-

heit des Bodens seinen Grund hatte, sondern in der Entlegenheit eines Kontinents, auf welchen weder fruchtbringende Samenkörner in der Schöpfungszeit gelegt wurden, die andere Weltgegenden bevorzugte...., ergiebt der gegenwärtige Kulturzustand Australiens."
Noch ärmer als das Pflanzenreich war die ursprüngliche Tierwelt in Australien vertreten. Das Känguruh, das Opossum, das Wombat bildeten den Hauptbestand. Der Dickhäuter und der Wiederkäuer waren von Anfang an gar nicht vertreten.

Holzendorff schließt seine Schilderung Australiens, wie es die ersten europäischen Kolonisten fanden, mit den Worten: „Es genügt für die spätere Vergleichung mit dem, was menschliche Thätigkeit auf diesem von der Natur mit Ausnahme des Mineralreichs so arm ausgestatteten Weltteil ins Leben gerufen.... In Australien schien der Naturzweck der Bestimmung des Menschen geradezu entgegengesetzt. Dennoch hatte, wie der heutige Erfolg zeigt, die Schöpfung nur eine Pause gemacht, um dem Menschen auf seiner zum Verbrecher erniedrigten Stufe die Vollendung derselben zu überweisen."

Wer vermag zu sagen, ob nicht ähnliche Erfolge in Deutsch-West-Afrika des deutschen Fleißes harren? Wenn auch dieses Schutzgebiet wegen seiner Wasserarmut nur teilweise kulturfähig ist, so sind schon jetzt zur Aufnahme vieler Tausender von deutschen Ackerbauern genügende Strecken bekannt. Dieses Schutzgebiet bietet für die Deportation unserer Sträflinge die denkbar günstigsten Bedingungen dar, weil es zur Erhaltung der Gesundheit und Arbeitskraft europäischer Kolonisten am besten geeignet ist. Gerade hierin besteht nach Partsch (a. a. O. S. 61) die glänzendste Lichtseite dieses Gebietes. „Alles", sagt er, „was in den Tropen die Leistungsfähigkeit der Europäer niederzudrücken pflegt, die gleichmäßig hohe Temperatur, gepaart mit übermäßiger Feuchtigkeit, die Treibhausluft, über die so viele in tropischen Regengebieten klagen, fehlt in Süd-West-Afrika vollkommen. Die Trockenheit der Atmosphäre und die kräftigen Temperaturschwankungen halten im Inneren, die kühle Luft und die scharfe Luftbewegung an der Küste die geistige und körperliche Spannkraft der Europäer aufrecht. Wer gegen die kalten Nächte sich ausreichend schützt, wird sich hier vollsten Wohlseins erfreuen. Die Trockenheit der Luft versagt den dem Leben und der Gesundheit feindlichen kleinsten Organismen die Möglichkeit des Gedeihens. Wunden heilen überraschend schnell. Malariafieber sind in dem weitaus größten Teile des Gebiets absolut unbekannt. An den wenigen

Stellen, wo sie sich bisweilen zeigen, auf den berieselten Feldern, an Quellen und in der Regenzeit des Ambolandes, erreichen sie nicht entfernt die Bösartigkeit und Hartnäckigkeit, die sie in reicher benetzten Tropenländern zur furchtbarsten Landplage machen. Deshalb kann **Süd=West=Afrika unbedenklich deutschen Answanderern als ein gesundes Ziel für die Gründung einer neuen Heimat empfohlen werden.** Eine Grenze zieht für den Kolonisten hier nicht die Rücksicht auf die Erhaltung der Gesundheit, sondern lediglich die Beschränkung der verfügbaren Räume durch die Spärlichkeit des Wasservorrats."

Besonders zur Ansiedelung geeignet sind die Gebiete der heißen Quellen des Hererolandes (Rehoboth, Groß- und Klein-Windhoek u. a.), ferner die Ufer des Oranges, des Kunene und des Okawango. Auch ist das Innere, besonders das Amboland, der Süden des Damaralandes nicht so völlig regenarm wie die Küste.

Von großer Bedeutung für die Zukunft der Landeskultur ist die am Ende des Jahres 1893 geglückte Auffindung des vortrefflichen Hafens Swakopmund d. i. die Mündung des Swakop- oder Thoakhaubflusses. Dadurch ist der Zugang nach Deutsch=Südwest=Afrika nicht mehr auf die im englischen Besitze befindliche Walfischbai beschränkt. Auf dem neu aufgefundenen Hafenplatze ist Trinkwasser stets zu haben, während es nach der Walfischbai erst von Kapstadt hingeschafft werden muß. Neben der Pflege von Wein, Obstbäumen (Dattelpalme), Tabak, Feld- und Gartenfrüchten ist Süd=West=Afrika für Viehzucht sehr geeignet[1]). „Schon jetzt hat ein deutscher Landwirt (E. Herrmann) zu Gubub im Hinterlande von Angra Pequena ein großes Schäfereiunternehmen, hauptsächlich zum Zwecke seiner Wollerzeugung, angelegt. Auf der Wanderung mit der in der Kapkolonie erworbenen Stammherde hatte er Gelegenheit, die Lebensbedingungen der dort blühenden Schafzucht aus eigener Anschauung kennen zu lernen, und konnte nicht finden, daß sie günstiger seien als im Groß-Nama-Lande" (Partsch a. a. O. S. 60). Nur die kriegerischen Ereignisse der jüngsten Zeit, welche die hoffnungsvolle Niederlassung vernichteten, haben dem begonnenen raschen Aufschwung dieses der Landesnatur vollkommen angepaßten Unternehmens ein plötzliches

---

[1]) Vgl. auch den oben zitierten Bericht „die deutschen Schutzgebiete x. x." S. 41. 42.

Ende bereitet. Aber bei der Wiederkehr voller Sicherheit wird gewiß dieselbe Gegend wieder der Sitz erfolgreicher Viehzucht werden. Desgleichen berichtet Graf Joach. Pfeil (in Petermann's Mittheilungen 2c. (1894) Bd. 40 II S. 44), daß die üppige Vegetation des wasserreichen Kalkplateaus der Veldschoendrager (Riedmont) Rindern und Schafen ein ganz außerordentlich zusagendes Futter darbietet.

C. Das Gebiet der Neu-Guinea-Kompagnie.

Geeignet zur Kolonisation ist hauptsächlich in Kaiser Wilhelms-land das ungemein fruchtbare, ebene Land im Hintergrunde der Astrolabe-Bai, das durch die Nähe vortrefflicher Häfen (z. B. des an der Westküste der Astrolabe-Bai gelegenen Friedrich Wilhelm-Hafens, wo auch der Landeshauptmann residiert) und durch vergleichsweise günstige Gesundheitsverhältnisse besonders empfohlen wird. So hat bereits die Neu-Guinea-Kompagnie die Ansiedelung europäischer Kolonisten in Angriff genommen, nachdem sich herausgestellt hatte, daß landwirtschaftliche Arbeiten im Freien auch für diese unter Voraussetzung gewisser Vorsicht in der Lebensweise ausführbar sein würden [1]).

Durch Anbau tropischer Nutzpflanzen (Baumwolle, Tabak, Kaffee, Kakao), ferner von Getreide und Gartenfrüchten aller Art dürfte diese Kolonie am schnellsten rentabel werden.

Außer Kaiser Wilhelmsland dürften sich nicht minder geeignete Punkte im Bismarck-Archipel auffinden lassen. Dieser bietet sogar günstigere Bedingungen für die Erhaltung der Gesundheit des Europäers als Kaiser Wilhelmsland. Die Malaria tritt dort seltener und milder auf (Partsch, Schutzgebiete S. 78). Aber es soll nicht verschwiegen werden, daß den Europäern, wie in allen Tropenländern, so auch in Neu-Guinea Gefahren drohen. In Finschhafen brach im Jahre 1891 ein perniziöses Fieber aus, das in einigen Wochen 13 Europäer hinraffte. „Man muß darauf gefaßt sein", sagt Partsch (Kolonialatlas S. 30), „daß die Bewältigung jedes Striches üppigen Urwaldes, die Erschließung jeder Fläche jungfräulichen Bodens Keime von Schädlichkeiten freilegen und sie in Wirksamkeit setzen werde gegen die Pioniere der Bodenkultur."

Ebenso erzählt Ehlers [2]), daß in der englischen Verbrecher-

---

[1]) Vgl. „die deutschen Schutzgebiete 2c. 2c." S. 62.
[2]) An indischen Fürstenhöfen (1893) II. S. 162 flg.

kolonie auf den Andamanen eine große Zahl der ersten Sendungen Deportierter einen baldigen Tod gefunden habe; denn die Sterblichkeit der Gefangenen betrug im Jahre 1858 16 vom Hundert, und im folgenden erreichte sie die unglaubliche Höhe von 65 vom Hundert. Die Hauptursachen dieser enormen Sterblichkeit lagen in der mangelhaften Verpflegung, in der Offenlegung jungfräulichen Bodens zum Zwecke der Urbarmachung, sowie in der Trockenlegung fieberbringender Sümpfe. Nach diesen notwendigen aber ungesunden Arbeiten besserte sich der Gesundheitszustand der Kolonie ganz wesentlich. Im letzten Jahrzehnt bezifferte sich die Sterblichkeit auf durchschnittlich 3 vom Hundert jährlich.

V. Einwände der Gegner der Deportation und deren Widerlegung.

Die Einwände, welche gegen die Deportationsstrafe hie und da vorgebracht zu werden pflegen, sind, wenn man genauer zusieht, meist vage Meinungsäußerungen, die sich nicht auf thatsächliche Unterlagen stützen, sondern der Spekulation entlehnt sind. Zuweilen sind sie so oberflächlicher Natur, daß sich die Widerlegung jedem denkenden Menschen sofort von selbst aufdrängt. Da sich die Gegner der Deportation derselben Einwände fast in stereotyper Form bedienen, so möge es genügen, die von Krohne, einem der Hauptgegner dieses Strafmittels, in seinem Lehrbuche der Gefängniskunde (652 S. 267 flg.) angeführten zu widerlegen.

Während sich Krohne in seinem verdienstvollen Werke fast durchweg einer wohlthuenden Objektivität befleißigt, verfällt er bei dem Kapitel „Deportation" in einen so leidenschaftlichen Ton, daß er dadurch der von ihm vertretenen Sache nur schadet. Man wird bei der Lektüre dieses Kapitels lebhaft an die Rhetorik einzelner Mitglieder der englischen Geistlichkeit erinnert, welche, wie z. B. der Erzbischof von Dublin, Whately, in den ersten Dezennien der Strafkolonisation von Australien gegen die Gründung von Strafkolonieen eiferten, in denen sie wahre Abbilder von Sodom und Gomorrha erblickten, und doch war diese ausschließlich von Sträflingen begründete Kolonie, wie von Holtzendorff (Deportation S. 186) sagt, in ihrem endlichen Erfolge die glücklichste, die die Geschichte der englischen Kolonisation aufzuweisen hat. Alle Erwartungen, die damals an dies Vorhaben geknüpft worden waren, sowohl derjenigen, die wie Howard[1] ein gänzliches Mißlingen voraussagten, als auch

---

[1] Howard wollte wie die heutigen Gefängnisreformer nichts von Deportation wissen.

derjenigen, die mit besonderer Vorliebe sich den kühnsten, durch nichts außer ihrer Phantasie gerechtfertigten Hoffnungen hingaben, sind im Verlaufe eines halben Jahrhunderts nach der einen Seite widerlegt, nach der andern noch übertroffen worden.

Wenden wir uns nun zu den Einwänden Krohnes. Er sagt (S. 268): „Die Deportation sei eine Feigheit: denn die Zu= schiebung der Verbrecher, welche ein Staat dem zivilisierten Nachbar nicht zu bieten wage, weil darauf eine Kriegserklärung folgen würde, werde wehrlosen Völkern geboten, deren Angriffe nicht zu fürchten sind"[1]).

Soweit unsere deutschen Kolonieen in Betracht kommen, wird dieser Vorwurf nicht von Bedeutung sein. Abgesehen davon, daß unsere Strafkolonieen sehr wohl in so gut wie garnicht bevölkerten Strecken Afrikas genügend Raum finden können, ist auch die Sitt= lichkeit der in Betracht kommenden wilden Stämme wohl nicht derart, daß sie durch die Berührung mit unseren deutschen Sträflingen, die doch immer noch Kulturmenschen sind, erheblich leiden könnte. Übri= gens ist Krohne in dieser Frage nicht konsequent, denn an einer andern Stelle (v. Liszt's Zeitschrift für Strafrechtswissenschaft I 81) empfiehlt er selber, die entlassenen Verbrecher nicht etwa nach Ge= bieten wilder Völkerstämme abzuschieben, wo sie doch wenigstens unter strenger Kontrolle der Deportationsbehörde ständen, sondern er will sogar andere Kulturvölker mit diesen zweifelhaften Elementen beglücken. Eine solche Maßregel im großen Stile ausgeführt — und nur eine solche wäre überhaupt erheblich — würde allerdings sehr bald zu internationalen Verwickelungen führen. Um seine In= konsequenz zu beschönigen, empfiehlt Krohne diese Maßregel nur für bereuende und gebesserte Verbrecher. Aber wer soll eine Garantie für die Innerlichkeit der Reue und Besserung übernehmen? Erfahrungsmäßig täuschen gerade die verschmitztesten Verbrecher die Gefängnisvorstände und Geistlichen am meisten, und wenn sich als= dann die Behörde bezüglich der Moral ihres Schützlings in einem Irrtum befände? „Das ist kein Unrecht (scil. die Deportation) gegen die Länder jenseits des Meeres", meint Krohne (a. a. O.): „Die Gesellschaft der alten Welt (Kr. scheint wohl Amerika im Sinne zu haben) hat an dem Verbrecher ihre Schuldigkeit gethan, sie hat ihn gestraft, sie hat ihn gebessert (?), und es ist die gegründete Aus=

---

[1]) Vgl. auch Krohne in der Liszt'schen Zeitschrift f. Strfr. W. I. S. 77. 78.

ſicht, daß das neue Vaterland einen tüchtigen Bürger gewinnen wird." — Daß die von Krohne empfohlene Maßregel nicht ernst zu nehmen iſt, geht daraus hervor, daß er mit der Ausführung derſelben (Unterſtützung der Auswanderung) die Fürſorgevereine für entlaſſene Sträflinge betraut. Über deren Leiſtungsfähigkeit iſt bereits oben (S. 16) geſprochen worden.

Ganz unbegründet aber iſt die Behauptung Krohnes (a. a. O. S. 268): „Die Deportation ſei ein Ausfluß ſozialer Faulheit[1]), indem die Geſellſchaft nicht Luſt habe, in ernſter, ſittlicher Arbeit die ſozialen Schäden, aus denen das Verbrechen erwachſe, zu heilen und den Klaſſen, aus denen die Verbrecher ſich vorzugsweiſe ergänzen, ihre Fürſorge zuzuwenden". Gerade das Gegenteil iſt wahr. Diejenigen, welche die Freiheitsſtrafen zur Beſeitigung der Verbrechen empfehlen, handeln wie jene Ärzte, welche nicht die Urſachen einer Krankheit beſeitigen, ſondern nur die äußere Erſcheinung derſelben auf eine gewiſſe Zeit unſichtbar machen. Die Folge ſolches Verfahrens iſt natürlich, daß das Übel wiederkehrt. Bei der Empfehlung der Deportation als Strafmittel handelt es ſich in erſter Linie ebenſo wie bei der Verhängung einer Freiheitsſtrafe um die Beſtrafung bereits begangener Verbrechen. Daß die Deportationsſtrafe hierzu ungeeignet ſei, mußte bewieſen werden. Dies iſt aber nicht geſchehen.

Die Deportationsſtrafe reicht aber ſogar über ihren nächſten Zweck hinaus, denn ſie wirkt auch nach ihrer Verbüßung ſegensreich für den entlaſſenen Sträfling, indem ſie bei zweckmäßiger Einrichtung dem Entlaſſenen ſofort die Möglichkeit gewährt, ein ehrliches Leben zu beginnen. Hierzu ſind aber die langzeitigen ſchweren Freiheitsſtrafen am wenigſten geeignet. Jeder Kundige weiß, daß der entlaſſene Verbrecher in kurzem neue Verbrechen begehen wird und, wie ausgeführt worden iſt, begehen muß. Überdies begiebt ſich die Geſellſchaft durch Einführung der Deportationsſtrafe nicht im

---

[1]) Noch herber bezeichnete John Howard, auf welchen Krohne gern Bezug nimmt, die Deportation als ein „Gaunerſtück", durch welches ſich die Staaten ihrer Verpflichtung entziehen, die Konſequenzen des Verbrechens zu tragen, welches ſie zu Hauſe produziert haben. (Bellows, John Howard bei Pears: Prisons and Reformatories at home and abroad; Transactions of the international Congress held in London. (London 1872.) S. 779. It strengthened his conviction of the wrongfulness of transportation as a shirking of the real obligation of countries to take the consequences of the crime, they producet at home."

mindesten der weiteren Pflicht, die sozialen Schäden, aus denen die Verbrechen erwachsen, nach Kräften zu beseitigen. Aber, wie gesagt, gerade in der Deportationsstrafe liegt schon zugleich ein Mittel zur teilweisen Beseitigung sozialer Schäden mitenthalten. Es ist also **nicht Feigheit, nicht Faulheit**, weshalb die Deportation immer wieder von neuem empfohlen wird, aber es wäre eine Heuchelei, wollte man ungeachtet der Überzeugung von der völligen **Erfolg= losigkeit unserer langjährigen Freiheitsstrafe** auf diesem Strafmittel beharren. Gerade für Rückfällige und sog. Gewohnheits= verbrecher sind die sich immer von neuem öffnenden Zuchthäuser nicht die richtigen Asyle. Sie sind vom Volke zu teuer bezahlte Begräbnis= stätten auf anderem Wege vielleicht noch zu errettender Menschen= seelen[1]).

Ferner meint Krohne: „Die Deportation sei eine kurz= sichtige Geldverschwendung, denn mit der Hälfte der Kosten, welche man auf die Deportation verwendet, könne der Strafvollzug in der Heimat zweckmäßig um= oder neugestaltet werden". Mit den letzten Worten giebt Krohne selbst — was freilich alle Kundigen schon lange wissen — die Reformbedürftigkeit des heutigen Strafvoll= zugs zu. Aber die Klagen über die Erfolglosigkeit unseres heu= tigen Systems der Freiheitsstrafen sind so alt, als diese selbst sind, und werden trotz aller Reform nie verstummen, denn die Mängel sind un= heilbar. Außerdem stimmt aber die Rechnung Krohnes ganz und gar nicht. Die etwaigen Mehrkosten, welche dem Reiche aus der De= portation erwachsen, könnten nur in den Kosten bestehen, welche der Transport der Sträflinge nach den Kolonieen erfordert[2]).

Nach einer Mitteilung der Rhederei C. Woermann in Ham= burg stellt sich der Transport von Hamburg nach den afrikanischen Schutzgebieten pro Kopf auf 200 Mark, das ist der Passagepreis 3. Klasse. Doch ermäßigt sich dieser Preis erheblich, wenn eine größere Zahl (z. B. mehrere hundert Sträflinge auf einmal) be= fördert werden.

Diese Kosten fallen aber nicht ins Gewicht, wenn man die Diffe= renz zwischen den übrigen Kosten des Strafvollzuges in der Heimat

---

[1]) D. A. Mittelstädt, Gegen die Freiheitsstrafen S. 44. 57. 58 und Taganzeff mit Bezug auf Rußland. (vgl. den Bericht von Gretener in der v. Liszt'schen Zeitschrift. S. 315.)

[2]) Denn Wohnung, Erhaltung und Bewachung der Sträflinge ist im In= lande, sowie in den Strafkolonieen Erfordernis.

und in den Kolonieen in Betracht zieht. Es handelt sich hier um Unterkunftsräume, Unterhalt und Bewachung der Sträflinge. Die Unterkunftsräume für die Deportierten stellen sich aber in den Kolonieen unverhältnismäßig billiger als die palastähnlichen Strafanstalten in Deutschland.

Nach den Angaben Krohnes (a. a. O. S. 311 und in v. Holtzendorffs Handb. des Gefängniswesens S. 505) betrugen beispielsweise die Baukosten für nur zehn deutsche Strafanstalten, nämlich:

für Moabit (Berlin)	(500	Strfgef.)	1,860,845	Mk.
„ Bruchsal	(500	„)	1,200,000	„
„ Nürnberg	(400	„)	1,647,321	„
„ Freiburg i. Br.	(466	„)	1,890,000	„
„ Herford	(444	„)	1,680,000	„
„ Groß-Strehlitz	(522	„)	1,300,000	„
„ Glatz	(278	„)	710,000	„
„ Ratibor	(524	„)	1,800,000	„
„ Rendsburg	(540	„)	2,908,150	„
„ Plötzensee	(1390	„)	6,287,000	„
also für eine Kopfzahl von	5564	„	21,283,316	„

Das ist aber nur ein verschwindender Bruchteil im Verhältnis zu dem Gesamtaufwande für das Deutsche Reich. In Preußen allein unterstehen dem Minister des Innern 51 Straf- und Gefangen-Anstalten, in denen im Jahre 1890/91 sich der tägliche Durchschnittsbestand von Gefangenen auf 21,932 belief[1]).

Dabei erkennt Krohne die dringende Reformbedürftigkeit unseres Gefängniswesens an: denn ein rationeller Vollzug der Freiheitsstrafe ist nach Krohne nur durch Einzelhaft zu ermöglichen[2]). Bisher ist dieses System aber wegen der Höhe der Kosten im Reiche erst zum kleinsten Teile durchgeführt. Schlägt man mit Krohne den Bedarf der Zellen auf rund 50000 an, und zwar nur für Preußen, und berechnet man die Kosten pro Einzelzelle nach den bisherigen Erfahrungen auf 4500 bis 6000 Mk.[3]), so würde

---

[1]) Außerdem unterstehen in Preußen dem Justizminister noch 992 Gefängnisse für mehr als 50000 Köpfe berechnet. Vgl. Krohne, Lehrb. S. 156.
[2]) Lehrb. S. 169 und § 49.
[3]) Vgl. Krohne in der Liszt'schen Zeitschr. S. 66 und Sichart, über die Rückfälligkeit der Verbrecher (1881) S. 68. 162, ferner die v. Liszt (in dem Holtzendorff'schen Handb. des Gefängniswesens I. S. 279) gegebene Kostenrechnung der belgischen Zellengefängnisse.

uns in Preußen die Unterbringung der Sträflinge auf die Kleinigkeit von 225 bis 300 Millionen Mk. zu stehen kommen. Der Preußische Ministerialrat Lucas[1]) hat gleichfalls eine Summe von 288 Millionen Mark herausgerechnet. Die Zinsen dieser Summe, zu 4 Prozent gerechnet, betragen 12 Millionen Mark d. h. bei einer Durchschnitts=Kopfstärke von 50000 . 240 Mk. pro Kopf.
Hierzu treten jährliche Ausgaben für den Kopf nach der preußischen Gefängnisstatistik pro 1891/92 . . . . 341 Mk.
Diese Summe verringert sich durch die Einnahme aus dem Arbeitsverdienst ꝛc. pro Kopf um 124 Mk.
Mithin beträgt der Unterhaltungszuschuß von seiten des Staates . . . . 217 Mk.
und jeder Sträfling kostet . . . . . . 457 Mk.

In den Kolonieen würden die Unterkunftsräume für Deportierte nach dem Monier'schen System (Baracken in der für tropische Bauten üblichen Anordnung) sich für den Kopf auf zweihundert Mk., mithin für das Tausend auf 200 000 Mk. stellen[2]) d. i. 22½ bis 30 mal billiger als die Einzelzelle unserer inländischen Strafanstalten. Dabei sind beim Monierbau auf einen Insassen ungefähr 10 cbm. Luftraum gerechnet.

Der Einwand, daß bei solcher Bauart die Sicherheit durch Flucht des Sträflings nicht ausgeschlossen erscheint[3]), ist wenigstens gegenüber der geographischen Lage unserer Kolonieen hinfällig; denn die Flucht wäre ohne Kenntnis des Landes und des Weges, ohne Lebensmittel so gut als aussichtslos; sie würde den Verbrecher ins sichere Verderben führen. Dem Vaterlande erwächst aber auch hierdurch kein Schaden. Eine Verfolgung wäre kaum zu empfehlen. Sie würde auch meist aussichtslos sein. In Anbetracht dieser Verhältnisse braucht auch das Bewachungspersonal nicht stärker zu sein, als bei dem inländischen Vollzuge der Freiheitsstrafe. Diejenigen Ausgaben, welche das Militärbudget der Strafkolonieen betreffen, dürfen, insoweit es sich hierbei um die Behauptung der politischen Machtstellung des

---

[1]) Goltdammers Arch. Bd. 33 S. 137 flg.
[2]) Dieser Preissatz ist von der Aktien-Gesellschaft für Monierbauten, Berlin, Leipziger Straße 101/102, welche schon mehrfach Bauten in den Kolonieen ausgeführt hat, ermittelt worden.
[3]) So Taganzeff nach dem Bericht bei Gretener in der v. Liszt'schen Zeitschr. IV. S. 315.

Reichs den Eingeborenen gegenüber handelt, nicht auf Kosten der Deportation gesetzt werden.

Ganz erheblich billiger als im Mutterlande werden sich aber bei richtiger Wahl der Strafkolonie die Unterhaltungskosten stellen. Gleich bei der Gründung der Strafkolonie muß deren agrare Selbständigkeit als nächstes Ziel ins Auge gefaßt werden. Zu diesem Zwecke muß die Ackerbestellung so eingerichtet werden, daß die zur Erhaltung der Deportierten erforderlichen Lebensmittel möglichst bald vorhanden sind[1]). Bis zu diesem Zeitpunkte müssen die nötigen Lebensmittel anderweit beschafft werden. Bei der Lage unserer Kolonieen brauchen dieselben nicht aus der Heimat herbeigeholt zu werden, vielmehr wird sich deren Ankauf in den Nachbargebieten ohne Schwierigkeit bewerkstelligen lassen. Die Unterhaltungskosten verringern sich bei der Deportation erheblich durch die bedingungsweise Entlassung des Sträflings in privaten Dienst und durch Ansiedelung der Sträflinge nach Verbüßung eines Teiles der Strafzeit. Wird von diesen Einrichtungen ein weiser Gebrauch gemacht, so lassen sich nicht nur bei der Unterhaltung der Sträflinge, sondern auch bei der Errichtung von Unterkunftsräumen erhebliche Ersparnisse machen.

Sobald aber die Strafkolonie durch das Fortschreiten der Kulturarbeit vom Mutterlande unabhängig geworden ist, hört jede weitere Belastung desselben auf. Aus den steigenden Erträgnissen, welche dem Reiche aus dem Verkaufe der überschüssigen Kolonialprodukte und der ihm gehörigen Ländereien im Ansiedelungsgebiete, aus den Steuern und Zöllen in demselben erwachsen, werden die vorher auf die Kolonieen verwendeten Anlagekosten reichlich gedeckt.

Endlich ist zu berücksichtigen, daß der größte Teil der Aufwendungen des Reichs für den deportierten Sträfling von diesem selbst dem Reiche direkt zurückerstattet wird, während bei dem inländischen Strafvollzuge die Zurückzahlung der Haftkosten die seltene Ausnahme bildet[2]).

So werden von dem angesiedelten Sträfling allmählich die vom

---

[1]) Die Strafkolonisten von Neu-Süd-Wales hatten bereits nach Verlauf von ein paar Jahren ihres Bestehens solche Erträge an Lebensmitteln, daß sie die Konkurrenz der aus England besorgten Zufuhr unangenehm empfanden. Holzendorff, Deportation S. 247.

[2]) Nach Krohne, Lehrb. S. 209, sind 97 Prozent der zu Freiheitsstrafen Verurteilten nicht im stande, ihre Haftkosten zu bezahlen.

Reiche für ihn veranlagten Transportkosten und der Preis für das zur Bebauung übergebene, vorher urbar gemachte Ackerland eingezogen, desgleichen die für die Errichtung der Hütte[1], für die Gewährung von Saatgut und Ackergerät gemachten Aufwendungen. Die Zurückzahlung kann in Form eines jährlich zu zahlenden Zinses geschehen, dessen Eintreibung insofern wenig Schwierigkeiten bereitet, als die Kolonialverwaltung über das wirtschaftliche Gebahren des Angesiedelten nach wie vor die Kontrolle behält.

Ein Fehler, der häufig von den Gegnern der Deportation bei Berechnung der Deportationskosten gemacht wird, besteht aber in der Außerachtlassung derjenigen durch die Deportation dem Mutterlande erwachsenden Vorteile, welche sich ziffermäßig gar nicht ausdrücken lassen. Sie übersteigen die Ausgaben sehr erheblich.

Vor allem spart der Staat das Geld, welches ihm die Erhaltung der Rückfälligen in der Strafanstalt kosten würde. Dann aber bestehen die Vorteile in den für Rechnung des Mutterlandes durch die Sträflinge gemachten öffentlichen Arbeiten und in dem durch die Kulturarbeit der Sträflinge gesteigerten Gesamtwert des Koloniallandes; die Einnahmen aus dem Verkaufe von Kolonialland, das in seinem Bodenwert erheblich gestiegen ist, stehen außer Verhältnis zu den Anlagekosten einer Strafkolonie. Endlich, was das Wichtigste ist, in der Strafkolonie beziehungsweise in den Ansiedelungsgebieten eröffnen sich Absatzgebiete für unsere heimische Industrie. Thatsache ist, daß England durch Verkauf der Kronländereien und aus dem späteren Ertrage an direkten Steuern und Zöllen das im australischen Kolonisationsgebiet aufgewendete Kapital bald zurückgewonnen hatte. Der Zeitpunkt, in welchem solche Vorteile für unser Vaterland erwachsen können, wird desto eher eintreten, je günstiger die agraren und handelspolitischen Bedingungen sind, unter welchen das koloniale Unternehmen begründet wird. Deshalb dürfen nur gewiegte Fachmänner mit der Wahl der zur Anlage von Strafkolonieen geeigneten Orte beauftragt werden, und ebenso dürfen nur Fachleute mit der Anlage von Pflanzungen bestimmter Art betraut werden. Ehlers berichtet (a. a. O. S. 169): „daß man auf den Andamanen, wie in jeder andern Kolonie, nach jahrelangen Versuchen die Erfahrung gemacht habe, daß ähnliche Anlagen sich nur

---

[1] Bei Errichtung derselben werden soviel als möglich die unter den Sträflingen vorhandenen Handwerker verwendet.

dann bezahlt machen, wenn sie von Sachverständigen geleitet
werden, und daß guter Wille, sowie fleißigste theoretische Studien
nicht hinreichen, praktische Kenntnisse auch nur annähernd zu ersetzen.
Wo tüchtige Spezialisten, wie auf den Andamanen in den Thee=
gärten, die Leitung in den Händen haben, sind überraschende Erfolge
und Einnahmen erzielt worden, die zu einer weiteren Ausdehnung
dieser Pflanzungen ermutigen, anders ist es bei den Kakao=, Kaffee=
und Tabakkulturen, die mehr kosten, als sie einbringen, und zwar
hauptsächlich wegen Mangels gelernter Pflanzer. . . . . Die beiden
hiesigen Theegärten, die zusammen ein Gebiet von etwa 190 Hektaren
bedecken, ergaben nach Abzug aller Unkosten (die Arbeiter werden den
Pflanzungen mit 9 Mark für den Kopf und Monat in Rechnung
gestellt) einen Reingewinn von etwa 33 000 Mark, wobei zu berück=
sichtigen ist, daß ein großer Teil der Pflanzen noch nicht die volle
Reife erlangt hat."

Um eine Vorstellung von den Resultaten einer teils aus Ver=
brechern ausschließlich, teils aus einer mit ihnen gemischten Einwan=
derung hervorgegangenen Kolonisation zu geben, mögen hier nur
einige allgemeine Angaben Platz finden, die wir Holtzendorff (De=
port. S. 391) entlehnen. „Aus einem Anfange von sechs Merino=
schafen, die Mac Arthur einst nach Neu-Süd-Wales brachte, ist ein
Bestand von 7 369 895 Schafen erwachsen[1]), welcher 15 268 473 Pfund
Wolle erzeugte. In ähnlicher Weise hatten sich die Rindviehherden
von geringfügigen Anfängen auf 1 375 257 Stück vermehrt, und der
Gesamtwert der Ausfuhr von Produkten der Viehzucht betrug im
Jahre 1851 eine Million Pfund Sterling. Der Ackerbau war dabei
gleicherweise fortgeschritten. Sämtliche europäischen Kulturgewächse waren
allmählich auf einem Boden heimisch geworden, der zur Zeit seiner
Entdeckung kein einziges, ihnen auch nur entfernt ähnliches aufzu=
weisen hatte. Die gewöhnlichen Getreidearten gaben einen reichlichen
Ertrag, wo der Boden einige Feuchtigkeit aufzuweisen hatte. In dem
nördlichen Distrikte wurde Zuckerrohr mit Vorteil gebaut, während
die Qualität des in der Kolonie gewonnenen Tabaks demjenigen Vir=
giniens an die Seite gesetzt wird. Der Weinbau verdoppelte sich
in den zwei Jahren von 1848 bis 1850 und war im Wachsen be=
griffen. Neben einer ungeheuren Spiritusfabrikation und einem aus=

---

[1]) Heute wird der Bestand an Schafen in Neu-Süd-Wales auf 62 Mil=
lionen geschätzt, ohne daß damit auch nur annähernd schon die Zahl erreicht
wäre, welche auf den dortigen Weiden ihr Futter zu finden im stande ist.

gedehnten Import von anderen geistigen Getränken betrug die Weineinfuhr neben einer eigenen Produktion von nahezu 100 000 Gallonen (eine Gallone hält ca. 4 Quart) immer noch 273 000 Gallonen[1]). Das Verhältnis der Einfuhr in Neu-Süd-Wales zur Ausfuhr hatte sich gleichfalls zu Gunsten der letzteren in wenigen Jahren umgestaltet. Die Ausfuhr, die im Jahre 1846 von der Einfuhr um ungefähr 11 Thaler für den Kopf überstiegen wurde, betrug 1851 8 Thaler für den Kopf mehr. Sie hatte im Jahre 1851 einen Gesamtwert von 1 796 900 Pfund Sterling gegenüber einem Einfuhrwert von 1 563 900 Pfund Sterling ꝛc. ꝛc.".

Und diese glänzenden Resultate verdankte England nicht etwa der günstigen natürlichen Beschaffenheit des Kolonisationsgebiets, das, wie bereits erwähnt, in vielfacher Beziehung an unsern südwestafrikanischen Kolonialbesitz erinnert, sondern zumeist der Thätigkeit von Menschen, die von ihrem Vaterlande als unverbesserliche Verbrecher aufgegeben waren. Solche Erfolge vermögen durch die Mißerfolge anderer Nationen nicht aufgewogen zu werden; denn wir kennen die Ursachen jener Mißerfolge. Sie haben mit dem Wesen der Deportation als solcher nichts zu thun.

Dies gilt besonders von der von Rußland zu Kolonisationszwecken unternommenen Deportation nach Sibirien[2]) (Pesselénije).

Trotz wiederholter Versuche durch Reglement (1822) und Gesetz (1852), die Deportierten als Kolonisten anzusiedeln, erscheint die Deportation nach Sibirien thatsächlich nur als eine Verbannung der Sträflinge mit ihren Familien resp. als eine Internierung derselben an einen bestimmten Ort, um deren weiteres Los sich der Staat so gut wie gar nicht kümmert. — Mangel an ausreichenden Mitteln zur Organisation einer erfolgreichen Kolonisation und planloses Abschieben einer ungemessenen Zahl von Landstreichern trugen dazu bei, die Masse der Deportierten zu einer vagabondierenden Bevölkerung zu machen, welche sich von Bettel und Diebstahl nährt. Die dagegen von der russischen Regierung durch die Deportationsgesetze seit 1830 unternommenen Regressiv-Maßregeln, durch welche die Deportierten für

---

[1]) Im letzten Jahre erreichte dagegen die Ausfuhr an Wein aus Australien nach England einen Wert von 55 017 Pfund Sterling.

[2]) Vgl. Goos in v. Holtzendorffs Handb. des Gefängniswesens I. S. 338 flg. — Die Deportation zu Strafarbeiten nach den sibirischen Bergwerken unterscheidet sich ihrem Wesen nach nicht von anderen Formen der Verbüßung harter Freiheitsstrafen im Inlande, sie gehört deshalb nicht in den Rahmen dieser Abhandlung.

die Freiheit durch Zwangsarbeit vorbereitet werden sollten, konnten bei dem einmal im Zuschnitt verfahrenen System zu keinem besseren Erfolge führen, um so weniger, als durch das Deportationsgesetz von 1853 die jährliche Zahl der Deportierten noch um 50 Prozent erhöht wurde. Die Folge dieser Überschwemmung Sibiriens mit dem Abschaum der Verbrecherbevölkerung des europäischen Rußlands führte zu einem völligen Scheitern eines geordneten Strafvollzuges und der beabsichtigten Kolonisation[1]).

Trotz des bisherigen Mißlingens könnte bei planvollem Vorgehen und rationeller Organisation auch in Sibirien, besonders seitdem durch das großartige Eisenbahnunternehmen der Transport der Sträflinge wesentlich erleichtert[2]) und unermeßliche Strecken kulturfähigen Landes für Rußland erschlossen worden sind, die Deportation noch zu befriedigenden Resultaten führen[3]).

Die Mißerfolge Frankreichs in Guyana (Cayenne in Süd-Amerika) und Neu-Caledonien gründen sich zum Teil auf das ungesunde Klima[4]) zum Teil auf gewisse Mängel in der Administration[5]), Gründe, die für unsere deutschen Verhältnisse nicht zutreffen.

---

[1]) In Westsibirien befinden sich 75930, in Ostsibirien 122036 Deportierte b. h. 6% der Ortsbevölkerung. — Von einer geregelten Organisation und Leitung ist keine Rede. Bei einer Revision der Insel Sachalin im Jahre 1872 waren von 642 dort befindlichen Verbrechern bloß 307 mit den erforderlichen Dokumenten versehen. Bei der letzten Revision in drei Bezirken des Irkutskischen Gouvernements erwiesen sich von den in den Verzeichnissen aufgeführten 22638 Ansiedlern nur 9615 als vorhanden, 1616 waren gestorben, die übrigen 11407 waren spurlos verschwunden. Die Zahl der Landstreicher in Sibirien wird auf annähernd 40000 geschätzt, denen in vielen Dörfern, aus Furcht vor Gewaltthaten, besondere Herbergen mit allem Nötigen zur Verfügung gestellt werden. Mitgeteilt v. Gretener, internationale Chronik in der Liszt'schen Zeitschr. III. S. 553. 554. Vgl. auch F. Immanuel: „die Insel Sachalin" in den Petermann'schen Mitteilungen rc. rc. (1894) III. S. 50 flg.

[2]) Vgl. über die ungeheuern Kosten und sonstigen Unzuträglichkeiten des bisherigen Gefangentransportwesens den Bericht von Gretener in der Liszt'schen Zeitschr. V. 529 flg.

[3]) D. A. Taganzeff gegen Foinitzky nach dem Bericht von Gretener in der Liszt'schen Zeitschr. IV. S. 314. 315 u. F. Immanuel a. a. O. S. 60.

[4]) Übrigens sind die sehr ungünstigen Berichte aus den französischen Strafkolonieen, welche noch heute gegen die Deportation im allgemeinen ins Feld geführt werden, meist älteren Datums. So wird die Sterblichkeit in Cayenne auf 63 Prozent berechnet. Dieser Bericht stammt aus dem Jahre 1853.

[5]) So sollen sich nach dem Zeugnisse zweier französischer Schriftsteller, Moncellou und de Lanessan in Neu Caledonien trotz eines Bestandes von

In den deutschen Kolonieen finden sich viele zur Ansiedelung durch Sträflinge geeignete und gesunde Gebiete (besonders in Südwest-Afrika), und die deutsche Rasse bringt ebenso wie die ihr verwandte angelsächsische die Vorbedingungen für eine erfolgreiche Kolonisation mit. Auch liefert unser Offizierkorps vortreffliches Material für die Begründung, Organisation und Leitung überseeischer Ansiedelungen, und Holtzendorff[1]) giebt zu, daß für uns die etwaigen Mißerfolge der Franzosen nicht maßgebend zu sein brauchen, daß vielmehr aus den oben angegebenen Gründen die Fortschaffung von Verbrechern in ein entlegenes, aber kulturfähiges Land als ein Vorteil erscheinen könne.

Ebensowenig begründet ist die Behauptung Krohnes: „Die Deportation sei im Kampfe gegen das Verbrechertum ein Schlag ins Wasser, denn gerade für die gefährlichsten verbrecherischen Elemente, welche ohne Heimat, ohne Familie, ohne Habe, ohne irgend eine Verbindung mit dem Vaterlande dastehen, sei die Aussicht, auf Staatskosten in eine andere Welt versetzt zu werden, wo dem Hoffnungslosen irgend ein unbekanntes Besseres zu Teil werden kann, eher eine Anregung zum Verbrechen als eine Abschreckung[2])." Als ob diese Heimatlosen, Hoffnungslosen, Elenden überhaupt durch die uns nach unserem jetzigen Strafensysteme zu Gebote stehenden Strafmittel von der Wiederbegehung von Verbrechen abgehalten würden. Die ungeheure Zahl von Rückfällen beweist doch wahrlich nicht, daß für jene gefährlichen verbrecherischen Elemente die Zuchthausstrafe abschreckend gewirkt hat.

Es giebt sogar eine große Anzahl von Verbrechern, die gegen Freiheitsstrafen jeglicher Art völlig unempfindlich sind, weil sie in den Strafanstalten mit geringer Mühe eine bessere Verpflegung finden, als sie jemals mit den größten Anstrengungen außerhalb der Gefängnismauern zu erreichen im stande wären. Solche Elemente aber im Inlande behalten und nach der Abbüßung der Strafe wieder auf die Gesellschaft loslassen, mit dem sichern Bewußtsein, daß sie alsbald wieder Schaden stiften werden, zeugt gewiß nicht von hoher Weisheit. Übrigens sprechen die Erfahrungen, welche England mit der Trans-

---

12000 unentgeltlichen Arbeitskräften die öffentlichen Werke, als Straßen, Brücken, Kanäle, Hafenbauten u. a. m., in sehr schlechtem Zustande befinden. (v. Jagemann in Holtzendorffs Handb. des Gefängniswes. I. S. 378. 379.)

[1]) Handb. des Gefängnisw. I. S. 430.
[2]) Ähnlich Aschrott in der Liszt'schen Zeitschrift Bd. VIII. S. 35.

portationsstrafe gemacht hat, entschieden gegen die allgemeine Befürchtung Krohnes, daß dieses Strafmittel zur Begehung von Delikten anreizen würde. Die harte Arbeit während der Dauer der Strafknechtschaft, wenn auch regelmäßig im Freien, ist mindestens so anstrengend und abschreckend als die Zuchthausarbeit. Dazu aber tritt noch die völlige Loslösung vom Vaterlande, insbesondere der Gedanke, der Verurteilte werde nie wieder zu seiner Familie und in seine alten gesellschaftlichen Kreise zurückkehren.

Schon in der Regierungszeit Karl II. von England wurde gerade aus diesem Grunde die Transportation für so hart angesehen, daß sie bei todeswürdigen Verbrechen sogar neben der gesetzlich zulässigen Lebensstrafe zugelassen wurde (1678 und 1682 Charles II. c. 3. 22. Charles II. c. 5.). Von dieser Zeit an erhielt die Transportation die Rangstufe als nächst der Todesstrafe schwerstes Strafmittel (secondary punishment), in welcher Rolle sie sich bis zu ihrer endlichen Aufhebung erhalten hat. Als im Jahre 1847 das Oberhauscommittee 35 hervorragende Richter aus allen Teilen des britischen Reichs über die abschreckende Wirkung der Transportation befragte, so verneinte kein einziger in seiner Antwort die Abschreckung als Folge des Richterspruchs, und das im Jahre 1853 in England mit der Untersuchung der Transportation betraute Unterhauscommittee erklärte auf Grund der Zeugnisse der sachkundigsten Personen, daß die Transportationsstrafe wirksamer und abschreckender sei, als irgend eine andere kriminelle Freiheitsstrafe[1]). Thatsache ist es, daß in England Urteile, welche auf Transportation lauteten, auf die Zuhörerschaft, insbesondere auf die Anverwandten und Freunde des Verurteilten, einen geradezu niederschmetternden Eindruck machten[2]).

Die Hoffnung, doch wieder einmal zu den Seinen und Seinesgleichen zurückzukehren, beseelt bei Verhängung der langwierigsten Freiheitsstrafe selbst den gemeinsten Verbrecher und hält ihn auch während der Haft aufrecht. Ob aber die Deportation in allen

---

[1]) v. Holtzendorff, Deportat. S. 168. 604.
[2]) Holtzendorff, Deport. S. 603, wo auch mitgeteilt wird, daß, sobald der Richter seinen Spruch verkündet hatte, durch welchen der Schuldige für immer aus seinem Vaterlande verbannt wurde, sich an der Gerichtsstelle ein Wehgeschrei erhoben habe, das vom Lordoberrichter von England, Campbell, als das „irische Geheul" bezeichnet wurde und das den Verbrecher begleitet habe, bis er den Augen der versammelten Menge entschwunden war.

Fällen diese Wirkung äußert, ist freilich nicht sicher. Das läßt sich aber von keinem Strafmittel sagen. Es giebt sicherlich Naturen, auf welche kein Strafmittel eine abschreckende Wirkung äußert. Sehr richtig sagt in dieser Beziehung Benedikt[1]): „Überall kann die Strafe nicht wirken, denn kein Motiv, weder die Angst vor dem Tode, vor der Schande, noch die Erwartung der höchsten irdischen Seligkeit, hat Anwartschaft darauf, in jedem Hirn bei jedem Zustande desselben die Oberhand zu behalten". Man überschätzt überhaupt die Bedeutung der Strafmittel als von der Begehung von Verbrechen abhaltender Motive. So läßt sich nicht nachweisen, daß durch die Bedrohung des Mordes mit der Todesstrafe die Anzahl der Mörder sich verringert habe. Das darf uns aber freilich nicht hindern, die Strafmittel so zu gestalten, daß sie von den Störenfrieden der Rechtsordnung als Übel empfunden werden. Nur soll man nicht glauben, daß mit der Verschärfung der Strafmittel auch eine Verringerung der Delikte eintrete[2]).

Weitere schlimme Folgen für die Kolonieen befürchtet Krohne (a. a. O. S. 269) von der Degeneration der Rasse, welche von den Degenerierten abstammt[3]). Gerade das Gegenteil wird uns wieder aus dem klassischen Deportationslande Australien bezeugt[4]).

„Vom Jahre 1837 bis zum Jahre 1851, bis wohin durch die Landung von Urlaubsmännern die Transportation nach Neu-Süd-Wales fortgesetzt worden war, hatte sich der sittliche Zustand in den Kolonieen sichtlich unter dem Einflusse vermehrten Wohlstandes, verbesserter Erziehung und zunehmender Einwanderung gehoben, obwohl in sozialer Beziehung die freie Bevölkerung allen entlassenen Sträflingen feindselig gesinnt war. Die Kriminalstatistik, die 1839 886 Strafurteile registrierte, hatte 1851, als sich die Einwohnerzahl verdoppelt hatte, deren nur 574 aufzuweisen. Die verbrecherischen Bestandteile in Neu-Süd-Wales wurden also schnell absorbiert und verloren ihre Wirkung nach Außen.

---

[1]) „Noch einmal der Zweckgedanke im Strafrecht" in der Liszt'schen Zeitschrift V. S. 464.

[2]) Krohne, Lehrb. S. 286: „Harte Strafen und grausamer Strafvollzug üben nicht die abschreckende Wirkung aus, die man von ihnen erwartet. Schon um deswillen nicht, weil jeder Verbrecher im Augenblicke der That fest überzeugt ist, daß er unentdeckt und frei von der Strafe bleibt."

[3]) D. A. ist Lammasch im Gerichtssaal S. 44. S. 219.

[4]) v. Holtzendorff, Deportat. S. 393.

Selbst Van Diemens Land verlor schnell den Anstrich des großen Gefängnisses, den es bei der massenweisen Transportation nach dem Jahre 1840 angenommen hatte. Wenige Jahre genügten seit ihrer Einstellung, um die Bahn sittlichen Gedeihens zu eröffnen. Mrs. Meredith, eine Frau, die neun Jahre lang in Van Diemens Land lebte, schreibt über die aus Parteileidenschaft so verrufene Stadt Hobarttown im Jahre 1852:

„Ich kenne keinen Ort, wo mehr Ordnung und Anstand herrschte, wenn sich bunte Menschenhaufen bei irgend einer öffentlichen Schaustellung in den Straßen drängen, als in dieser höchst schmachvoll verleumdeten Kolonie. Nicht einmal in einem Dorfe einer englischen Grafschaft kann eine Dame allein mit geringerer Furcht vor Belästigung oder Beleidigung spazieren gehen, als in der Hauptstadt von Van Diemens Land, die man in England gewöhnlich für ein Hospital moralischer Pest hält. Nicht in einem noch so moralischen Zirkel des moralischen Englands wird ein Abweichen von den Pfaden der Sittsamkeit und Tugend allgemeiner oder bestimmter mit dem Ausschluß aus der guten Gesellschaft geahndet."

„Und dennoch", sagt Holtzendorff (Deport. S. 394), „als diese Zeilen geschrieben wurden, bestand die Hälfte der gesamten Bevölkerung aus verbrecherischen Elementen oder den Nachkommen von Verbrechern."

Also eine Degeneration der Rasse, welche von Deportierten abstammte, war nicht eingetreten. Im Gegenteil, Holtzendorff weist auf Grund der geschichtlichen Entwickelung jener englischen Transportationen nach, daß „die für unbrauchbar gehaltenen Granitmassen verbrecherischer Bevölkerungs-Bestandteile so weit verwittern können, daß eine reiche Kultur auf ihnen Wurzeln schlägt"[1]).

Gleichwohl behauptet Krohne (a. a. O. S. 268): „Die Deportation sei überhaupt ein kolonialpolitischer Fehler. Eine Kolonie könne nicht gedeihen, solange sie Deportationsort sei, und sie habe unter den Folgen noch lange Jahre zu leiden, nachdem die Deportation längst aufgehört habe". Zum Beweise hierfür beruft sich Krohne (a. a. O. S. 269 Note 4) auf die angeblichen Mißerfolge der Engländer auf den Andamanen und Nikobaren und auf die furchtbare Thatsache, die offenbar gruselig machen soll, daß nämlich

---

[1]) Deportation, Vorrede IX.

der Gewährsmann, aus dessen Munde die Schilderungen jener heillosen Zustände stammen, der Beamte von Roepsdorff, später sogar in einem Aufstande der Verbrecher erschlagen worden sein soll. Als ob nicht schon in unseren Zuchthäusern Meutereien ausgebrochen wären, bei welchen Gefängnisbeamte ihr Leben eingebüßt haben. Ganz entgegengesetzte Berichte giebt uns Ehlers, der sich eine zeitlang auf den Andamanen und Nikobaren aufgehalten hat und die dortigen Verhältnisse der Strafkolonie unter bereitwilliger Unterstützung des höchsten Kolonialbeamten, des Chief Commissioners der Andamanen, Oberst Cabell, einer eingehenden Prüfung unterworfen hat. Er berichtet (a. a. O. S. 167 flg.), daß die Strafkolonie auf den Andamanen (die auf den Nikobaren ist nach neunzehnjährigem Bestehen wegen des ungesunden Klimas wieder aufgegeben worden a. a. O. S. 190) musterhaft verwaltet sei.[1]) Im ganzen seien seit dem Jahre 1858 gegen 8000 Hektare Acker und Weideland der Wildnis abgerungen, und 500 weitere Hektare würden durchschnittlich jährlich dazu gewonnen, sowohl durch Abholzungen der Wälder als auch durch Beseitigung der Mangrovendickichte, die meist in Reisland oder Kokospalmenhaine umgewandelt würden. Die ausgedehnten Forsten stünden unter Aufsicht eines geschulten Beamten und ergäben nicht unbeträchtliche Überschüsse ꝛc. ꝛc. Als Ehlers Ende August 1891 von Port Blair (der Strafkolonie der Andamanen) nach einmonatlichem Aufenthalte schied, nahm er die Überzeugung mit (a. a. O. S. 173):
„eine der segenbringendsten Institutionen (sc. die Deportation) des großen anglo-indischen Kaiserreichs kennen gelernt zu haben. Gegen 2000 Sträflinge, die sich gegen das Leben oder Gut ihrer Mitmenschen vergangen hatten und die in den engen Mauern eines Gefängnisses wahrscheinlich noch schlechter geworden wären, werden von hier, wo ihnen die Möglichkeit geboten wird, durch tugendhaften Lebenswandel ihr Los von Jahr zu Jahr erträglicher zu gestalten, als gebessert entlassen und der menschlichen Gesellschaft als Leute, die gelernt haben, sich im Schweiße ihres Angesichts ihr Brot auf ehrliche Weise zu verdienen, zurückgegeben."

Zuzugeben ist, daß die Wegschaffung von Verbrechern nach ent-

---

[1]) Übrigens befinden sich unter den Deportierten keine Europäer. Sie gehören vielmehr dem indischen Völkergemisch und der malaiischen Rasse an.

legenen Weltteilen und die erste Ansiedelung derselben in Wüsteneien sehr problematisch ist.[1]) Das sind aber sehr viele Unternehmungen, deren Ausführung gleichwohl gewagt werden muß. Freilich gebietet die Vorsicht, daß solche Unternehmungen nicht überstürzt werden, daß insbesondere bei der Gründung von Strafkolonieen nicht eine größere Anzahl von Sträflingen an den Deportationsort gebracht wird, als dort Beschäftigung und Unterhalt finden kann. Hierzu gehört eine sorgsame Vorbereitung des geplanten Unternehmens.

Durch anfängliche Mißerfolge darf sich das Reich nicht zurückschrecken lassen. Gewisse Kalamitäten sind überall eingetreten. So wäre es nicht zu verwundern, wenn in der ersten Zeit der Gründung sich der Bestand der Sträflinge durch Krankheiten, Angriffe der Eingeborenen, Meutereien und Fluchtversuche vermindern würde.[2])

Hatte doch auch die englische Strafkolonie in Neu-Süd-Wales am Anfange mit solchen und noch ganz andern Schwierigkeiten zu kämpfen, die heute nicht mehr als möglich anzusehen sind. So hatte besonders diese Kolonie, die später zu höchster, nie geahnter Blüte gedieh, in den ersten Jahren (1789—1792)[3]) mit einem bisweilen an Hungersnot streifenden Mangel an Lebensmitteln zu kämpfen.

Richtig ist ferner, daß ursprünglich erfolgreiche Transportationen ihr Ende dadurch erreicht haben, daß die freien eingewanderten Kolonisten sich gegen weitere Transportationen auflehnten.[4]) Dagegen ist aber leicht Abhilfe möglich dadurch, daß man bestimmte Territorien von vornherein ausschließlich für entlassene Sträflinge zur Ansiedelung reserviert und die Ansiedelung freier Kolonisten in diesem Gebiete unter keiner Bedingung duldet. Sollte aber in der Folge das Ansiedelungsgebiet nicht mehr zur Strafkolonisation geeignet erscheinen, weil sich in demselben bereits eine Generation

---

[1]) v. Holtzendorff, Handbuch des Gefängniswesens Bd. I. S. 429.

[2]) Dies war beispielsweise auch bei der Gründung der engl. Kolonie in Australien im Jahre 1788 der Fall. Vgl. Holtzendorff, Deport. S. 223.

[3]) Holtzendorff, Deportat. S. 228 flg. Das zur Behebung des Mangels aus England gesandte Transportschiff „Guardian" mußte auf seiner Fahrt nach der Kolonie infolge Zusammenstoßes mit einem schwimmenden Eisberge seine wertvolle Ladung über Bord werfen.

[4]) v. Holtzendorff, Handbuch des Gefängniswesens I. S. 429. Seuffert: Einige Grundfragen des Strafrechts 1886. S. 29. 30. Ad. Prins: Criminalité et respression. Bruxelles 1886. chap. IV. Foinitzky in v. Liszt's Zeitschrift IV. S. 313 mit Bezug auf Sibirien.

unbescholtener Nachkommen entlassener Verbrecher befindet, so müßte die Strafkolonie als solche durch ausdrücklichen Erlaß der Regierung geschlossen und formell das Ansiedelungsgebiet auch freien Einwanderern geöffnet werden. Wer sich alsdann in diesem Gebiete ansiedelt, darf sich über die Anwesenheit von entlassenen Sträflingen oder Abkömmlingen derselben nicht beklagen. Er hatte ja bei seiner Niederlassung Kenntnis von dem Stande der Dinge. Außerdem steht ihm jederzeit frei, durch Auswanderung seine Lage zu ändern.

Mit der Schließung einer solchen Strafkolonie braucht aber für das Deutsche Reich die Deportationsstrafe als solche noch lange nicht aus der Reihe der Strafmittel auszuscheiden, sondern es tritt für das Reich nur die Notwendigkeit der Kolonisierung an anderen geeigneten Stellen ein. An solchen wird es in unserem ausgedehnten Kolonialbesitz in absehbarer Zeit nicht fehlen. Sollte aber wirklich einmal unser Kolonialgebiet für diese Zwecke nicht mehr ausreichen, so können wir ja diesen Zeitpunkt ohne Beunruhigung abwarten. Von vornherein aber auf Grund dieser entfernten Möglichkeit überhaupt auf die Segnungen Verzicht leisten, die ohne Zweifel aus der Deportation für Verbrecher und Vaterland erwachsen, wäre nicht ein Zeichen politischer Weisheit. Bei der Kolonisierung von Neu-Süd-Wales durch Verbrecher beging die englische Regierung den großen Fehler, die Niederlassung freier Ansiedler im Bezirk der Strafkolonieen nicht nur zuzulassen, sondern sogar in jeder Weise zu begünstigen.[1]) Dadurch wurde der Keim für die spätere Unzufriedenheit dieses neu hinzutretenden Elements mit der gleichzeitigen Verwendung dieses Gebiets als Strafkolonie gelegt. Der Gouverneur Macquarie hatte dies richtig erkannt, aber leider drang dessen Ansicht bei der englischen Regierung nicht durch, und der seit dem Jahre 1822 sich ergießende Strom freier Einwanderer vernichtete den ursprünglichen Charakter der Kolonie.[2])

Thatsache aber bleibt, daß sich die Transportation nach

---

[1]) So z. B. durch freie Überfahrt und unentgeltliche Gewährung von Land. Aschrott, Strafensystem und Gefängniswesen in England. (1887.) S. 40 flg.

[2]) Auch die Disziplin der Sträflinge wurde gelockert, indem die freien Ansiedler sich der Kontrolle der Beamten der Strafkolonie zu entziehen vermochten und Branntwein an die Sträflinge für hohen Preis verkauften und sich auf diese Weise den Arbeitsverdienst der Sträflinge aneigneten. Vgl. v. Holtzendorff, Deportation S. 246.

Australien als Strafmittel vorzüglich bewährt und daß England aus diesem Strafmittel den großartigsten Nutzen gezogen hat. Nicht Mißerfolge, wie die Gegner dieses Strafmittels diejenigen überreden wollen, welche die thatsächlichen Verhältnisse nicht kennen, haben England zur Aufgabe Australiens als Strafkolonie zu bestimmen vermocht, sondern einzig und allein der Widerstand gegen die Zufuhr von Verbrechern (Australian League).

Belehrt durch diese Erfahrung, müßte bei der Gründung deutscher Strafkolonieen, wie oben ausgeführt worden, streng auf die Sonderung der Ansiedelungsgebiete entlassener Sträflinge und freier Einwanderer geachtet werden. Mit der Frage nach dem Werte oder Unwerte der Deportation als Strafmittel hatte aber die Abneigung der australischen Kolonisten gegen die fortgesetzte Zuschiebung von Verbrechern in das Ansiedelungsgebiet nichts zu thun.

„Nur die äußerste Ungerechtigkeit, sagt v. Holtzendorff (Deport. S. 389), vermag es zu leugnen, daß die Verbrecherkolonisation — trotz mannigfacher administrativer Mißgriffe in der Behandlung der Sträflinge, trotz augenblicklicher schwerer Übelstände — nicht nur die Grundlage der späteren Gesamtentwickelung bildet, sondern auch neben der freien Einwanderung auf das vorteilhafteste gewirkt hat".

Übrigens ist die Abneigung freier Einwanderer gegen den Zuwachs von Deportierten nicht so allgemein, als Krohne u. a. anzunehmen geneigt sind. In Westaustralien empfingen die bereits vorher daselbst eingewanderten freien Einwohner die ankommenden Sträflinge mit unleugbarem Wohlwollen; freilich gründete sich dieses, wie Holtzendorff mitteilt[1]), nicht auf allgemeine Menschenliebe, als auf den Vorteil, welcher aus der Transportation für die ansässige Bevölkerung erwuchs. Aber nach den übereinstimmenden Aussagen der von dem Parlamentscommittee im Jahre 1856 vernommenen Zeugen ist den deportierten Sträflingen das günstigste Zeugnis erteilt und die Erwartung der freien Kolonisten bei weitem übertroffen worden.

In Neu-Süd-Wales lagen die ökonomischen Verhältnisse anders. Hier waren die kleinen freien Leute, die ein Interesse an der Aufrechthaltung hoher Löhne hatten, gegen die Deportation; denn durch die Zufuhr von Sträflingen wurden diese höheren Löhne gedrückt. (Deport. Holtz. 328, 329.) Man darf diesen eigennützigen Beweg-

---

[1]) Deportation S. 386.

grund bei Beurteilung der Abneigung freier Einwohner gegen den Import von Sträflingen nicht außer Betracht lassen[1]).

Charakteristisch ist, daß die Hauptgegner der Deportation sich unter den Gefängnisbeamten finden. So spricht sich der II. internationale Stockholmer Gefängniskongreß (1878) über dieses Strafmittel folgendermaßen aus: „Die Transportationsstrafe bietet in ihrer Ausführung Schwierigkeiten, welche ihre allgemeine Anwendung in allen Staaten nicht gestatten und der Hoffnung, sie werde alle Bedingungen einer guten Strafjustiz verwirklichen, entgegenstehen".

Daß mit der Deportation Schwierigkeiten verknüpft sind, wird kein Verständiger bezweifeln, und daß die Deportation keine allgemeine Anwendung in allen Staaten finden kann, ist auch richtig, spricht aber nicht dagegen, daß sie für große Kategorieen von Verbrechern sehr brauchbar und in solchen Staaten, welche geeignete Kolonieen besitzen, auch durchführbar sei. Die Fragestellung nach der Güte oder der Zweckmäßigkeit der Deportation als Strafmittel kann sich doch immer nur auf ein bestimmtes Land beziehen. Bei dieser Frage gilt, wie überall, der triviale Satz: „Eins schickt sich nicht für alle". Deshalb ist die Stellung resp. die Beantwortung dieser Frage in ihrer Allgemeinheit wertlos. Endlich zu verlangen, daß eine irdische Institution, als welche doch die Deportationsstrafe, ebenso wie die Zuchthausstrafe, angesehen werden muß, alle Bedingungen verwirkliche, welche man nur an eine gute Strafjustiz stellen kann, ist, wenn keine naive, so doch mindestens eine übertriebene Forderung. Wenn die Deportation nur besser wirkt, als die Freiheitsstrafe, so ist sie doch mindestens empfehlenswerter, als letztere. Deshalb erscheint es auch bedeutungslos, wenn sich der Deutsche Strafanstalts-Beamten-Verein zu Frankfurt am Main im Jahre 1886 dem Urteile des II. Stockholmer Gefängniskongreßes angeschlossen hat. Diese Versammlung ließ wenigstens die Beantwortung der Frage der freiwilligen Kolonisation durch entlassene Sträflinge offen. Weshalb dann nicht auch die Deportation selbst als Strafvollzugsmittel benutzt werden soll, ist nicht ersichtlich.

---

[1]) So leben beispielsweise nach einem Bericht Rafael Salilas (in der v. Liszt'schen Zeitschr. XI. S. 445) die Einwohner von Ceuta mit den Verbrechern der daselbst errichteten Strafkolonie, weil sie deren Konkurrenz nicht zu fürchten brauchen, in vorzüglicher Eintracht.

Freilich würde ein großer Teil von Gefängnis-Beamten überflüssig, wenn in der Deportation in unserem Kolonialgebiet dem inländischen Strafvollzuge eine kräftige Konkurrenz erwüchse. Sicher ist der Opposition der Gefängnis-Beamten, insoweit sie die kriminalrechtliche Seite und die sozialen und politischen Folgen der Deportation zum Gegenstande hat, keine größere Bedeutung beizumessen, als der gebildeter Laien. Ganz dieselbe Opposition hatte sich in England geltend gemacht, als es galt, in Australien eine Strafkolonie anzulegen, und sie ist in diesen Kreisen trotz der großartigen Erfolge nie verstummt.

Stichhaltig wäre nur der eine Einwand, daß die Verbrecher durch Verschickung in unsere Kolonieen durch das in denselben herrschende Klima zu Grunde gerichtet würden. Dieser Einwand wird aber für das deutsche Kolonialgebiet hinfällig, weil dasselbe, wie oben gezeigt, zur Aufnahme unserer Sträflinge mehr als hinreichende kulturfähige Länderstrecken aufweist, in welchen deutsche Ansiedler ein gesundes, für ihre geistige und körperliche Spannkraft geeignetes Klima finden.

Dagegen geben alle bedeutenderen Schriftsteller über Gefängniswesen (vgl. z. B. Krohne, Lehrb. S. 439 § 113) zu, daß die Gefangenen in den Strafanstalten unter ganz besonders ungünstigen Lebensbedingungen stehen, welche die geistige und leibliche Gesundheit gefährden, und daß demzufolge die Erkrankungsziffer in den Gefängnissen erheblich höher sei, als bei denselben Altersklassen der freien Bevölkerung.[1]

---

[1] In einem von Dr. A. Baer im Verein für innere Medizin zu Berlin im Jahre 1883 gehaltenen Vortrage: „Über das Vorkommen von Phthisis in den Gefängnissen" (S. 118 bis 133) wird festgestellt, daß sowohl in den deutschen als außerdeutschen Straf- und Gefangenanstalten die Phthisis eine abnorm große Ursache bei der Sterblichkeit der in Massen- wie Einzelhaft befindlichen Gefangenen bildet (Liszt'sche Zeitschr. V. S. 253). — Derselbe in v. Holtzendorffs Handb. des Gefängniswej. II. S. 438 flg., woselbst sich auch ein reiches statistisches Material u. Literatur findet. Ferner Krohne a. a. O. S. 443 Note 3 und § 116 und Engel, Zeitschr. des Kgl. Preuß. statist. Bureaus 1864. S. 278, wo nachgewiesen wird, daß in den preußischen Strafanstalten die Krankheitsziffer doppelt so hoch war, als in einer der gefährlichsten Berufsarten, dem Bergbau, und die Sterblichkeit dreifach so hoch.

VI. Die Frauenfrage in den Strafkolonieen.

Die Lösung der Frauenfrage birgt nicht zu unterschätzende Schwierigkeiten. Man darf aber nicht so weit gehen, wie Foinitzky,[1]) der diese Frage für unlösbar erachtet und meint, daß diese Unlösbarkeit jede Hoffnung auf die Bildung gesellschaftlicher Einheiten aus den Deportierten vernichte.

Richtig ist, daß, wenn die Strafkolonisation ermöglicht werden soll, dafür gesorgt werden muß, daß die entlassenen Sträflinge Familien begründen können. Die Frage wird daher erst von Bedeutung, wenn der erste Teil der Deportationsstrafe, die Strafknechtschaft, ihr Ende erreicht hat. Denn während dieser Zeit soll der Sträfling den Strafzwang voll empfinden. Erst wenn er durch sein Verhalten gezeigt hat, daß er im stande ist, durch eigene Arbeit sich und eine Familie zu erhalten, kann er an die Begründung einer Familie denken, und zwar ist es alsdann sogar wünschenswert, daß er sich verehelige.[2]) Denn die Ehe ist nicht nur ein geeignetes Mittel, den geschlechtlichen Ausschweifungen des Einzelnen vorzubeugen und

---

[1]) Vgl. den Bericht von Gretener in v. Liszt's Zeitschrift Bd. IV. S. 313.
[2]) Unverständlich ist die Äußerung Krohnes (Lehrb. S. 269 Note 4): „Jedes sittliche Gefühl empörend, ist die Art wie Mörder und Mörderinnen, Diebe und Prostituierte bürgerlich und kirchlich getraut werden." — Krohne wird doch das Bedürfnis entlassener Verbrecher, eine Ehe einzugehen, nicht leugnen wollen. Hierzu gehört aber gesetzlich der Akt der Eheschließung vor dem Zivilstandsbeamten. Wird die kirchliche Trauung später nachgesucht, so wäre das doch nur ein Zeichen dafür, daß die Eheleute den Segen der Kirche für notwendig erachten. — Oder soll darin ein Vorzug bestehen, daß man derartige Elemente zum Konkubinat zwingt? Übrigens werden doch auch bei uns entlassene Verbrecher ohne jeden Anstand bürgerlich und kirchlich getraut.

besonders die Entsittlichung des jüngeren Alters einzuschränken, sondern sie ist die Grundbedingung der Familienbildung, ohne welche auch ein noch so primitives Gemeinwesen nicht gedacht werden kann.

Um nun den Entlassenen Frauen zu verschaffen, empfiehlt es sich, den aus der Strafknechtschaft Entlassenen zu gestatten,

1. daß sie ihre in der Heimat zurückgebliebenen Frauen und Kinder in das Ansiedelungsgebiet nachkommen lassen,[1])
2. solche Frauenspersonen zu heiraten, welche wegen begangener Verbrechen gleichfalls nach den Kolonieen deportiert worden sind und gleichfalls bereits die Zeit der Strafknechtschaft verbüßt haben, ferner
3. solche Frauenspersonen zu heiraten, die zwar keine deportationswürdigen Delikte oder überhaupt keine Delikte begangen haben, die sich aber freiwillig nach dem Ansiedelungsgebiete zum Zwecke ihrer Verehelichung begeben haben.

Selbstverständlich müßte das Reich diese Kategorie von Frauenspersonen unentgeltlich nach dem Ansiedelungsgebiet befördern. Sehr skrupulös braucht man bei der Auswahl dieser Frauenspersonen nicht zu sein. Es könnten sich auch Prostituierte darunter befinden, überhaupt Personen, welchen in der Heimat zur Begründung eines anständigen Erwerbes Mittel und Gelegenheit fehlen. Würde man bei der Wahl zu rigoros verfahren, so würde man die zur Ausgleichung des Mißverhältnisses zwischen den Geschlechtern genügende Anzahl von Heiratskandidatinnen nicht aufzutreiben vermögen.[2]) In dieser Art von Heiratsbegünstigung kann eine Unsittlichkeit nicht erblickt werden. Gehen solche Frauen mit einem entlassenen Sträflinge eine Ehe ein, so haben sie sich gegenseitig nichts vorzuwerfen. Sie kennen ihr beiderseitiges Vorleben. Ehrbare Mädchen werden sich schwer zur Verheiratung mit einem gewesenen Verbrecher entschließen. Das weiß dieser recht wohl, und deshalb werden diejenigen Sträflinge, welche das Bedürfnis zu heiraten empfinden, über einen etwaigen Makel im Vorleben ihrer Zukünftigen hinwegsehen. Sicher ist das Ehe-

---

[1]) Weigert sich die Ehefrau, sich zu ihrem Ehemann zu begeben, so gilt die Ehe für gelöst und der Ehemann kann sich wiederverheiraten. Die Erklärung der Ehefrau kann schon vor Entlassung des Ehemanns eingeholt werden.

[2]) Die Kriminalität der Männer übersteigt die der Weiber erheblich. Nach der Preuß. Statistik der Straf- und Gefangen-Anstalten waren am Schlusse des Jahres 1891/92 15447 männliche und nur 2647 weibliche Zuchthaussträflinge detiniert, und nach der Kriminalstatistik des Deutschen Reichs waren im Jahre

leben solcher moralisch nicht intakten Elemente dem außerehelichen Geschlechtsleben vorzuziehen.

Bevor der Kolonist die Ehe eingehen darf, muß er der Zivilstandsbehörde den Konsens der Kolonialbehörde vorlegen. Dieser darf nur verweigert werden, wenn der vor seiner Deportation verheiratete Kolonist nicht nachzuweisen vermag, daß seine frühere Ehe gelöst sei, oder wenn der Kolonist nicht im stande ist, eine Familie zu ernähren.

Eine andere schwierige Frage hinsichtlich der Deportation der Frauen ist die, auf welche Weise dieselben als Sträflinge in den Strafkolonieen beschäftigt werden sollen.

Man kann die weiblichen Deportierten mit den männlichen während der Dauer der Strafknechtschaft nicht gut zusammen arbeiten lassen. Alsdann würde der Geschlechtsverkehr unvermeidbar sein. So lesen wir bei Holtzendorff (Deport. S. 251), daß in Neu-Süd-Wales, wo eine Scheidung nach Geschlechtern nicht durchgeführt war, das weibliche Geschlecht sich noch verdorbener zeigte, als der übrige Teil der damaligen kolonialen Bevölkerung. Die Frauenspersonen gaben sich mit demselben Eifer den Ausschweifungen hin, als ob sie sich in den verrufensten Straßen Londons bewegten.

Eine besondere Strafkolonie für weibliche Sträflinge ist aber deshalb nicht empfehlenswert, weil sich die zur Erhaltung einer solchen Kolonie notwendigen schweren Arbeiten nur zum geringsten Teile durch Frauen ermöglichen lassen. Man müßte denn geradezu Strafanstalten für Frauen in den Kolonieen errichten. Diese Art der Strafverbüßung soll aber in den Kolonieen eben vermieden werden.

Es wird sich daher empfehlen, die weiblichen Deportierten von

1889 von den 369 644 Verurteilten nur 66 449 Weiber und im Jahre 1890 von den 381 450 Verurteilten nur 67 258 Weiber.

Auf 100 000 strafmündige Personen der Zivilbevölkerung desselben Geschlechts kamen Verurteilte:

	männlich	weiblich
1882	1673	379
1883	1648	380
1884	1722	384
1885	1707	363
1886	1745	361
1887	1751	359
1888	1687	358
1889	1772	379
1890	1818	378.

vornherein in dasjenige Gebiet zu bringen, in welchem die aus der Strafknechtschaft entlassenen Deportierten die Ansiedelungserlaubnis erhalten haben. Dort treten die weiblichen Deportierten sofort in den Dienst der verheirateten Ansiedler. Ein landwirtschaftlicher Betrieb läßt sich auch ohne weibliche Mithilfe schwer denken. Für diesen Dienst werden sich besonders diejenigen eignen, welche ursprünglich der Landbevölkerung angehört haben. Zu schwereren Arbeiten, als zu welchen ihre Körperkräfte ausreichen, dürfen weibliche Sträflinge nicht angehalten werden, wohl aber zu Gemüsebau, Gartenarbeiten, Viehwirtschaft 2c., überhaupt zu allen in dem Bereich weiblicher Beschäftigung liegenden wirtschaftlichen Arbeiten. Auch wird sich nichts dagegen einwenden lassen, die weiblichen Deportierten als Dienstboten der in der Strafkolonie angestellten Offiziere und Beamten in einer ihren Anlagen entsprechenden Weise zu beschäftigen. Die Disziplin hält der Dienstherr aufrecht, dem auch ein mäßiges Züchtigungsrecht zugestanden werden kann. Gegen Sävitien ist der weibliche Sträfling durch die koloniale Verwaltung zu schützen. Im übrigen unterliegen die weiblichen Deportierten derselben Strafgerichtsbarkeit wie männliche. Sie werden zur Aburteilung dem Gerichtshofe der dem Ansiedelungsgebiet zunächst gelegenen Strafkolonieen zugeführt.

Haben die weiblichen Deportierten ihre Strafzeit bei ihren Dienstherren zu deren Zufriedenheit abgebüßt, so ist ihnen für den Fall, daß sie zu der Kategorie der lebenslänglich Deportierten gehören oder zu denen, welche nicht in ihre Heimat zurückkehren wollen oder können, die Niederlassung in dem Ansiedelungsgebiete zu gestatten. Sie können sich alsdann daselbst verheiraten oder als freie Arbeiterinnen gegen Kost und Lohn bei Ansiedlern verdingen oder auch ihren Fähigkeiten entsprechende Gewerbe (z. B. als Schneiderinnen, Wäscherinnen, Handelsfrauen) betreiben. Doch müssen sie auf Verlangen der Kolonialbehörde den Nachweis ihres redlichen Erwerbes beibringen. Für den Fall der Verehelichung in der Kolonie fällt diese Verpflichtung weg.

Diese skizzenhaften Bemerkungen bedürfen noch im einzelnen der Ausführung und sind selbstverständlich mannigfaltiger Abänderung fähig. Es sollte hier nur der Nachweis geführt werden, daß die Deportationsstrafe an der Lösung der Frauenfrage nicht zu scheitern braucht.

VII. Schlußbetrachtung.

Die Anforderungen, welche man billigerweise an ein rationelles Strafmittel stellen kann, sind folgende: Das Strafmittel soll so eingerichtet sein, daß es
1. den Staat resp. die Gesellschaft gegen den Verbrecher sichert,
2. diejenigen, welche Verbrechen planen, von deren Begehung abschreckt,
3. auf den Verbrecher erziehend einwirkt.

Die Deportationsstrafe entspricht bei sachgemäßer Handhabung allen diesen Anforderungen mehr, als irgend ein anderes Strafmittel, besonders als die Freiheitsstrafe.

1. bewirkt die Deportation durch die dauernde Entfernung des Verbrechers aus dem Vaterlande absolute Sicherheit gegen Verübung neuer die Gesellschaft resp. den Staat schädigender Delikte. Bei der Freiheitsstrafe entfällt diese unbedingte Sicherheit, weil der aus der Strafhaft entlassene Sträfling sofort wieder in die Gesellschaft eintritt, die er verletzt hat. Mangels der Zurückhaltung unbescholtener Elemente kehrt der entlassene Sträfling naturgemäß in den Kreis seiner Genossen zurück und erliegt, sobald noch Arbeitslosigkeit hinzutritt, der Versuchung, neue Verbrechen zu begehen. In den Kolonieen ist das nicht zu befürchten, da ihm nach seiner Entlassung eine bestimmte Erwerbsthätigkeit zugewiesen wird und er weiter unter der Kontrolle der Disziplinarbehörde steht.

2. wirkt die Deportationsstrafe aber auch in hohem Grade abschreckend; denn der Strafzwang, welcher in dem ersten Stadium dieser Strafe, während der sog. Strafknechtschaft, auch äußerlich vollkommen zum Ausdrucke gelangt, kann bei sachgemäßer Handhabung für den Sträfling ein Strafleiden von mindestens derselben Schwere darstellen, wie die Zwangsarbeit im Zuchthause. Dazu kommt aber noch das seelische Leid, welches die dauernde Trennung von der

Heimat verursacht. Gerade dieses Moment ist der Deportationsstrafe eigentümlich und vermag durch keine noch so ausgeklügelte Strenge beim Vollzuge der Freiheitsstrafe ersetzt zu werden.

Endlich 3. bewirkt die Deportationsstrafe bei richtiger Einrichtung mehr als die Freiheitsstrafe die Besserung, richtiger die **Erziehung**[1]) des Sträflings, weil sie ihm die Aussicht gewährt, daß er durch gute Führung während der Straf- und Übergangszeit zu ökonomischer Selbständigkeit und bürgerlicher Gleichstellung zu gelangen im stande ist. Diese tröstliche Aussicht weckt die darniederliegenden sittlichen Antriebe selbst in einem gesunkenen Menschen. Sie ist überhaupt das einzige und ausschließliche Moment der Besserung, welches auf den Sträfling zu wirken vermag[2]). Dazu kommt, daß der Strafvollzug, so hart er auch sein mag, den Sträfling für seinen zukünftigen Erwerb nicht untauglich, sondern nur geeigneter macht; denn die Beschäftigung mit ländlichen Arbeiten bildet in der Periode der Strafknechtschaft die Regel. Sie wirkt schon an sich auf Seele und Leib kräftigender, als die Arbeit innerhalb dumpfer Gefängnismauern.

Mit diesen Vorzügen, welche die Deportationsstrafe vor der Freiheitsstrafe auszeichnet, verbindet sich noch der nicht zu unterschätzende Vorteil für die heimische Arbeiterbevölkerung, daß durch den Strafvollzug in den Kolonieen die durch die Gefängnis- resp. Zuchthausarbeit im Inlande der ehrlichen Arbeit **unbestreitbar erwachsende Konkurrenz hinwegfällt**[3]).

Der größte Vorteil aber erwächst dem Reiche selbst. Es handelt sich bei der Beschäftigung der Sträflinge in unseren Kolonieen nicht um Arbeiten für die Sträflinge, die an sich nicht nötig sind und nur des Strafzweckes halber dem Sträfling auf-

---

[1]) Denn für den Staat kommt es in erster Linie auf das äußere, rechtliche Verhalten, nicht auf die Gesinnung des Handelnden an.

[2]) „Die bei weitem überwiegende Anzahl entlassener Sträflinge", sagt Holtzendorff (Deportation S. 275), „war (in Neu-Süd-Wales) einem regelmäßigen und gesitteten Lebenserwerb wiedergewonnen worden durch die Aussicht auf Erwerb, die sich ihnen eröffnete nach ihrer Entlassung. Sie wurden gebessert, weil sie eine Gelegenheit fanden, die ihnen selbständigen Unterhalt sicherte, und die sie aus besitzlosen Vagabunden zu kleinen Landeigentümern emporhob. Selbst diejenigen, welche die ökonomische Triebfeder als Veranlassungsgrund einer sittlichen Besserung nicht gelten lassen wollten, mußten die politische Wahrheit anerkennen, daß in Neu-Süd-Wales das materielle Interesse des Menschen sich ebenso wirksam erwies für das gesetzliche Verhalten nach der Entlassung, wie es wirksam gewesen war für die Entstehung des Verbrechens vor der Bestrafung."

[3]) Mittelstädt, gegen die Freiheitsstrafen S. 43.

erlegt werden¹), sondern um wahrhaft nutzbringende Arbeiten. In unseren Kolonieen hat jede Arbeitskraft einen hohen Wert, und so wird der Verbrecher zugleich zum Mittel, um unsere kostspieligen Kolonieen gewinnbringend zu machen. Gerade die Vermehrung intelligenter Arbeitskräfte ist für unsere überseeischen Besitzungen eine Lebensfrage, denn es hat sich gezeigt, daß durch die freie Einwanderung der Kolonisationszweck nicht erreicht werden kann, weil die deutschen Kolonieen, auch diejenigen, welche für die Ansiedelung von Europäern geeignet sind, von niemandem aufgesucht werden. Die Deportierten sind nicht nur nutzbringende Arbeitskräfte während der Strafverbüßung im Dienste des Reichs, sondern sie bilden auch nach ihrer Entlassung den Kern der zukünftigen Ansiedelung²). Diese Ausnützung des Verbrechers im Interesse des öffentlichen Wohls steht weder im Widerspruch mit dem Zwecke der Strafjustiz noch ist sie anfechtbar vom Standpunkte der Moral. Derjenige Mensch, der durch sein gesellschaftsfeindliches Leben die Kulturgemeinschaft gefährdet, wird zur Strafe zwangsweise aus dieser Gemeinschaft entfernt und zur Begründung eines neuen Gemeinwesens benützt, das ihm freilich nicht die Segnungen seines hochzivilisierten heimatlichen Gemeinwesens zu gewähren vermag, das aber in seiner einfachen Konstruktion ihm die Notwendigkeit der Unterordnung unter das Gesetz deutlich macht. Durch verdienstliche Mitarbeit zu gemeinnützigen Zwecken gleicht der Verbrecher die Fehler seiner Vergangenheit nach Kräften aus.

Schon Napoleon I. erkannte mit seinem scharfen Blick die der Deportation zu Grunde liegende einfache Wahrheit. Wenigstens legt man ihm die Worte in den Mund: „Er halte für das beste Präventivsystem dasjenige, welches die alte Welt reinigt und die neue bevölkert"³).

---

¹) Vgl. Krohne in der Liszt'schen Zeitschr. IX. über die Beschäftigung der Vagabunden S. 302: „Gegenwärtig sitzen fast regelmäßig eine Anzahl Gefangener zusammen, nur wenig oder garnicht beschäftigt, und üben gegenseitig einen schlechten Einfluß auf einander aus . . . . . . Daß nutzlose Arbeit nicht von demselben sittlichen Einfluß ist wie produktive, ist zweifellos . . ." Dennoch empfiehlt Krohne Beschäftigung, wenn auch mit nutzlosen Arbeiten, z. B. Holzspalten, Werg zupfen, Steine tragen, und zwar mit Anspannung aller Körperkräfte, damit der Häftling die Haft als Strafe empfinde. — In unseren Kolonieen fehlt es uns an Händen, und hier vergeuden wir die Kräfte.

²) So Taganzeff gegen Foitnitzky. Vgl. den Bericht von Gretener in der von Liszt'schen Zeitschr. IV. 314.

³) So bei Aschrott, Strafensystem und Gefängniswesen in England. S. 48 Note 1.

Es wäre ein schwerer Fehler, wollten wir mit der Durchführung der Strafkolonisation so lange warten, bis das Deutsche Strafgesetzbuch revidiert wird. Das wünschen unsere Gegner, um den Versuch ad Kalendas Graecas zu vertagen.

Es bedarf zur Zeit nur eines Gesetzes, welches die Höchstdauer sämtlicher Freiheitsstrafen auf ein Jahr herabsetzt. An Stelle von Zuchthaus tritt Deportationsstrafe, desgl. an Stelle von Gefängnisstrafen, die ein Jahr übersteigen würden, wenn sie wegen Rückfalls bei Eigentums- und Rohheitsvergehen verhängt werden, und zwar lebenslängliche Deportation bei wiederholt Rückfälligen, zeitige d. h. solche mit Aufenthaltszwang bis zu 10 Jahren in den Strafkolonieen in allen übrigen Fällen[1]). Alles übrige bleibt der Verfügung des Reichs im Verwaltungswege vorbehalten[2]).

Durch die baldige Einführung der Deportationsstrafe erspart das Reich ungezählte Millionen, deren es jetzt in einem vergeblichen Kampfe gegen das Verbrechertum zur Errichtung neuer resp. zur Umbauung alter Strafanstalten und zur Ernährung der Bevölkerung jener Anstalten benötigt. Diese ungeheuern Summen könnten zum größten Nutzen des deutschen Vaterlandes in seinen kapitalsbedürftigen Kolonieen verwertet werden.

---

[1]) Den bereits vor Emanation dieses Gesetzes zu mehr als einjährigen Freiheitsstrafen Verurteilten muß es freigestellt bleiben, ob sie ihre Strafe in einer inländischen Gefangenanstalt oder als Deportierte in den Kolonieen verbüßen wollen.

[2]) Durch besondere Gesetze können alsdann die zur Zeit noch streitigen Fragen geregelt werden wie die über die Zulässigkeit einer einfachen Rüge, der Ausdehnung von Forst- und Gemeindearbeiten als Strafen für Polizei- und andere geringfügige Delikte, ferner die Frage über die bedingte Verurteilung für Vergehen nicht zu schwerer Art, endlich die Heraufrückung des Strafmündigkeitstermins bis zum vollendeten 16. Lebensjahre (Vgl. oben S. 3). — Es ist gar kein Erfordernis, daß mit der Einführung dieser Gesetze bis auf die Revision gewartet werde. Man verfährt viel praktischer, wenn man die Fragen schnell und einzeln erledigt. Schließlich kann eine Gesamtrevision des St.-G.-Bs. diese Novellengesetzgebung aufnehmen.

Buchdruckerei Maretzke & Martin, Trebnitz i. Schles.